TRUMP

LOS MEJORES CONSEJOS DE
BIENES RAÍCES QUE HE RECIBIDO

TRUMP

LOS MEJORES CONSEJOS DE BIENES RAÍCES QUE HE RECIBIDO

100 EXPERTOS
COMPARTEN SUS
ESTRATEGIAS

DONALD J. TRUMP

GRUPO NELSON
Una división de Thomas Nelson Publishers
Juntos inspiramos al mundo

www.gruponelson.com

Editorial 10 Puntos es una división de Grupo Nelson
Copyright © 2006 por Grupo Nelson
Una división de Thomas Nelson, Inc.
Nashville, Tennessee, Estados Unidos de América
www.gruponelson.com

Título en inglés: *Trump: The Best Real Estate Advice I Ever Received*
Copyright © 2006 por Donald J. Trump
Publicado por Rutledge Hill Press
Una división de Thomas Nelson, Inc.

Editora en jefe: *Graciela Lelli*
Tipografía: *www.MarysolRodriguez.org*
Traductor: *Enrique Chi*

ISBN-10: 0-88113-002-8
ISBN-13: 978-0-88113-002-7

Impreso en los Estados Unidos de América
Printed in the USA

CONTENIDO

INTRODUCCIÓN

He querido escribir este libro por años. Todo el que haya observado mi carrera estará enterado de mis estrategias en cuanto a bienes raíces (y si usted no lo ha hecho, éste es el momento de empezar a verme por televisión o de adquirir alguno de mis libros anteriores).

Aunque he tenido bastante éxito, mis negocios de bienes raíces no abarcan todo lo que está sucediendo en esta industria. Lo que sé, lo sé muy bien, pero no tengo el monopolio sobre las buenas ideas y sabiduría en lo que a bienes raíces se refiere. Como lo dice Susan Penzer, detrás de mi éxito está mi «habilidad de recopilar la mejor información de las personas más inteligentes». Susan dijo esto después de ver cómo trabajo. Pero es exactamente lo que hago en este libro, reunir la mejor información de la gente más talentosa en el mundo de los bienes inmuebles. Comparten sus experiencias, lo que han aprendido de otros, y lo que han aprendido de los errores que han cometido o casi cometieron.

Los mejores consejos de bienes raíces que he recibido es el conocimiento que cien magnates de bienes raíces han aprendido, y este tipo de información sólo se obtiene de las experiencias de toda una vida.

Aquí encontrará sabiduría que se basa en experiencias positivas y lecciones que los magnates de bienes raíces del país y del mundo aprendieron del modo más difícil. Desde las oportunidades que se perdieron a la estimación incorrecta, en cuanto al mercado, hasta la negociación excesiva o insuficiente; de tantas formas podríamos haber hecho las cosas de mejor manera... Estos hombres y mujeres le dirán cómo.

Soy amigo de algunos de estos colaboradores y a otros no los conozco personalmente, aunque los admiro. Este libro representa el mejor compendio de consejos de bienes raíces que hasta hoy se ha recopilado; y pienso que cumple con su objetivo: brindarle ayuda en la planificación de su propio éxito en bienes inmuebles. Ya sea que usted esté en el proceso de compra o de venta de su propia casa, condominio o propiedad cooperativa, que esté participando o apenas entrando en el negocio de bienes raíces, creo que aprenderá mucho de *Los mejores consejos de bienes raíces que he recibido*. Yo lo hice.

COMPRE DONDE LOS RICOS JUEGAN

ARTHUR L. ALLEN

Arthur L. Allen es fundador, presidente y director ejecutivo
de *Allen Systems Group, Inc.* (ASG).

El software ha sido mi enfoque, pasión y vida desde que empecé a trabajar como analista de sistemas, hace ya casi cuarenta años; pero una de mis decisiones más rentables, y que me da mucha satisfacción hoy, fue la resolución de actuar sobre bienes raíces, según el consejo que me dio un amigo. A pesar de las declinaciones en la economía o descensos en los mercados de la tecnología, mis inversiones en bienes raíces en Naples, Florida, han prosperado. Siempre estaré agradecido por haber actuado según su consejo, y he continuado invirtiendo con el paso de los años. Si pudiera dar este consejo de bienes raíces en términos generales y explicar las razones por las cuales me ha dado tanto éxito, diría: compre donde los ricos juegan.

Cuando me mudé a Naples, en la década del setenta, esta comunidad de la costa del golfo en el sudeste de Florida ya era un destino popular de invierno para muchas de las familias más adineradas del país. Ciertamente pude reconocer la importancia del clima en Naples y son pocos los lugares que igualan su belleza natural; no pensé mucho en cuanto a inversiones en bienes raíces, no obstante, hasta que un amigo me dio el siguiente consejo: «Compra todos los bienes raíces que puedas en Naples. Es un lugar único, y ganarás mucho dinero si inviertes en propiedades aquí».

Naples, en aquel momento, más que como un buen lugar para ubicar mi empresa de software, significó bienes raíces.

Conocía la historia de esta parte de Florida y sabía que atraía a muchas personas adineradas; algunos de sus residentes en el pasado incluyen figuras tales como Thomas Alva Edison, Henry Ford, Harvey Firestone, Greta Garbo, Gary Cooper y Barron G. Collier.

En el otoño de 1975 compré mi primera casa en Naples, y he estado comprando y vendiendo bienes raíces aquí desde entonces. He ganado muchos millones de dólares por seguir ese consejo: pagué $875.000 por aquella primera propiedad y ahora está valuada en más de $14 millones.

Aunque mi empresa ahora cuenta con cincuenta oficinas en todo el mundo, sigo teniendo mi casa matriz en Naples, Florida. Naples ha crecido mucho desde que compré aquella primera propiedad, y todavía atrae a individuos adinerados que buscan escapar del frío invierno del norte. La gente viene aquí por muchas razones: para jugar golf o tenis, para disfrutar de sus yates o para jubilarse; más de doscientos presidentes de empresas que han estado o que están en la lista de los quinientos de la revista *Fortune* residen aquí, al igual que personajes célebres tales como Larry Bird, Mike Ditka, Greg Norman, Mary Carillo y muchos, muchos otros.

NO TENGA TEMOR DE INVERTIR TIEMPO

ADINA AZARIAN

Adina Azarian es presidente y directora ejecutiva de *Adina Real Estate* y miembro del Consejo de Bienes Raíces de Nueva York.

En bienes raíces no importa perder tiempo. Cuanto más tiempo pierda, más dinero ganará.

Si usted es una de esas personas que piensa sobre cómo «ahorrar» tiempo, entonces significa que: o no es la persona adecuada para los negocios de bienes raíces, o es tiempo de cambiar su forma de pensar.

Cuando me inicié en este negocio sentía que desperdiciaba mucho tiempo haciendo llamadas telefónicas, buscando propiedades o trabajando con clientes con quienes no cerraba trato alguno. Pasado cierto período, le dije a mi instructor:

—Siento que estoy desperdiciando mucho tiempo.

—En bienes raíces, precisamente se trata de desperdiciar tiempo. Cuanto más tiempo pierdas, más dinero ganarás —me respondió convencido.

Así que en lugar de darme por vencida, seguí adelante y las cosas empezaron a marchar mejor. Eventualmente, las llamadas telefónicas se convirtieron en propiedades en mi listado, y las citas con clientes, en tratos que se cerraron. Aunque en algunas ocasiones las cosas no resultaron, técnicamente, cuanto más tiempo pasaba, por lo menos haciendo el esfuerzo, mejores eran los resultados.

Disminuir sus actividades con el argumento de: «Hoy no me entrevistaré con tantos clientes», o «Hoy no haré tantas llamadas», no funciona en el mundo de los bienes raíces. Si desea tener éxito, nunca deberá considerar el tiempo que dedica a trabajar como una pérdida de tiempo; cuantas más personas vea, más llamadas telefónicas haga o más puertas sean las que toque, más dinero ganará. Es sencillo. Así que cuando alguna de mis agentes de venta se me acerca y me dice: «Desperdicié mucho tiempo con ese cliente y no pude cerrar el trato», o hace algún comentario similar, le recuerdo que los tratos cerrados vienen con el tiempo y con la práctica. Ella no podrá obtener experiencia sin «desperdiciar» su tiempo. Y no olvide enviar una nota de agradecimiento, aun a los clientes con los cuales no cerró trato ¡Ésa es la forma correcta de pensar!

COMPRE LO MEJOR

ROGER BARNETT

Roger Barnett es presidente y director ejecutivo de *Shaklee Corporation*, una empresa de nutrición natural, y fundador de Beauty.com.

Compre lo mejor. Lo mejor siempre retiene su valor y se aprecia a un ritmo más acelerado. Lo mejor siempre es caro hoy, pero ofrece un buen valor mañana.

Una vez compré un edificio en la ciudad de Nueva York que había sido utilizado por una fundación. En aquel tiempo fue una de las ventas de mayor precio en la ciudad de un edificio para un solo uso. No obstante, por su magnífica estructura, ubicación deseable y proporciones poco comunes, invertí en restaurar el edificio. Hoy vale tres veces lo que me costó, lo cual corresponde a una ganancia significativamente superior a la que puede obtenerse en el resto del mercado de bienes raíces.

ENFÓQUESE EN LOS RESULTADOS

THOMAS J. BARRACK JR.

Thomas J. Barrack es presidente y director ejecutivo de *Colony Capital*, una firma privada de inversiones en bienes raíces internacionales.

N o confunda los esfuerzos con los resultados.

ESCUCHE LAS 5 NECESIDADES DE SUS CLIENTES

MONDA BASSIL

Monda Bassil es presidente de Prestigious Properties de Nueva York.

El mejor consejo de bienes raíces que he recibido es escuchar las necesidades de mis clientes, y es algo que hago todos los días. Un profesional de esta área verdaderamente exitoso, debe conocer: (1) Las necesidades y el estilo de vida de su cliente. (2) Los vecindarios en los que está manejando propiedades. (3) Las condiciones actuales del mercado.

Deberá prepararse de manera excelente para cada cita y hacer sus deberes de modo serio y metódico; si la persona con la que se reunirá el martes en la mañana menciona que es un cocinero de primera, usted deberá conocer las casas disponibles tan bien que le permita enfocarse únicamente en las propiedades que satisfagan las necesidades de su cliente. Organícese, investigue y no desperdicie tiempo en mostrarle un apartamento con una cocina estrecha y pobremente equipada, no importa lo bonita que se vea. Si le refieren a una pareja que está buscando una residencia más pequeña, escuche lo que le digan acerca de su estilo de vida y sus intereses: ¿la propiedad tiene jardín?, ¿hay un teatro cerca?, ¿tiene espacio suficiente para cuando los nietos van de visita?

En las ventas residenciales en particular, el servicio significa comprender plenamente zonas, mercados y, sobre todo, a la gente. Con frecuencia digo: «No vendemos, educamos». Es crucial, no obstante, entender lo que significa «educar», no como si estuviéramos enseñándoles algo a los clientes, sino escuchándolos. Sus clientes le están confiando la búsqueda de su casa y usted deberá utilizar todo el mercado para encontrar una solución magnífica. También deberá comprender los vecindarios que está ofreciendo para poder ubicar el sector que mejor corresponde con la personalidad del comprador. Pregúntese a sí mismo: ¿Qué tipo de oportunidades le ofrece esta comunidad al comprador?

Usted sabe cuál es el producto deseado, conoce tanto el vecindario como el mercado y no es posible vender alguno de estos elementos por separado; en lugar de ello, los tres deberán combinarse correctamente para darle a su cliente un lugar seguro. Este hogar es donde su cliente abrirá los ojos al amanecer y donde apagará las luces por la noche; es necesario que tenga una sensación de comodidad. Usted lo está guiando en la compra más importante de su vida, una que exige el porcentaje más alto de cada dólar que gane. Debe encontrar la solución perfecta para las necesidades de su cliente y la propiedad disponible en el vecindario deseado. No es fácil, pero con trabajo duro y perseverancia, obtendrá una sensación totalmente gratificante cuando encuentre la solución correcta.

En cierta forma, los bienes raíces son como el teatro: uno lee el guión, ensaya, ensaya más y luego viene el momento de la presentación. Hay que ser paciente; una presentación perfecta requiere una excelente preparación y mucho tiempo, y no le irá mal si estudia y se prepara. Además, uno reconoce que el trabajo a tiempo parcial no basta; si usted dice: «Seguiré en mi otro trabajo, por si acaso esto no sale bien», tenga por seguro que no saldrá bien.

Una vez que comprenda que al encontrar el vecindario correcto, en el mercado correcto para su cliente, está vendiendo un lugar de refugio, dedicará tiempo y esfuerzo suficiente para hacer de esto su carrera: ya sea en las inversiones, donde está la emoción, en el desarrollo, o en las ventas. ¡Quizá descubra el gran secreto de que el negocio de los bienes raíces es tan divertido que uno casi se siente culpable de ganar dinero en ello!

BUSQUE ÁREAS DE CRECIMIENTO Y TRATE DE NO VENDER LO QUE POSEE

DOUGLAS BAUMWALL

Douglas Baumwall es un intermediario comercial certificado de *Collins & Collins Investments*, cuyos artículos han sido publicados por *Florida Association of Realtors* y la revista *Florida Commercial*.

He recibido dos consejos que podrían interesarle a los inversionistas en bienes raíces.

El primero es buscar un área en las afueras de la ciudad, en el sentido de crecimiento. Después buscar terrenos sin desarrollar en una vía principal de circulación en la cual se pueda comprar por acre y no por la distancia de frontera con la vía.

El segundo es tratar de no vender los inmuebles que posea a menos que sean demasiado pequeños para manejarlos con eficacia. Puede ser buena idea comprar propiedades y puede ser buena idea vender las que pertenecen a otros (ya sea por revender una propiedad justo antes de cerrar la transacción de compra de la misma o por ser dueño de una agencia de corredores).

TRABAJE CON PROFESIONALES
QUE SEAN DE SU CONFIANZA

John Bearden

John Bearden es presidente y director ejecutivo de *GMAC Home Services*. *Koenig & Strey GMAC Real Estate*, una entidad de *GMAC* que fue elegida para manejar de manera exclusiva el *Trump International Hotel y Trump Tower*, en Chicago.

Mi mejor consejo de bienes raíces suena sencillo, y lo es. Pero no permita que su sencillez oculte su importancia.

Encuentre un profesional de bienes raíces en quien pueda confiar.

Quiero decir, alguien en quien realmente pueda confiar.

Para muchas personas, comprar o vender una casa es la inversión (y la transacción financiera) más grande que se realiza en la vida. Créame, usted no quiere poner este proceso tan importante, y extremadamente complejo, en manos de alguien en quien no confía plenamente y que, además, tal vez no tenga las mejores intenciones.

Al igual que muchos otros, mi esposa y yo aprendimos esta dura lección hace ya mucho tiempo por experiencia propia. Hemos comprado y vendido varias viviendas a través de los años y perdimos dinero sólo con una de ellas… *nuestra primera casa* ¿Por qué? Porque en aquel entonces no sabíamos, como lo sabemos ahora, lo sabio que es tomarse el tiempo necesario para encontrar a un profesional de bienes raíces que sepa lo que hace, cuya pasión por su trabajo sobresalga, así como su preocupación y deseo genuino de ayudar a sus clientes.

Por desgracia, el agente que escogimos (de manera apresurada y sin investigación alguna por parte nuestra) nos dio malos consejos. Y peor que sus consejos era su comunicación, prácticamente inexistente. Nunca olvidaré lo que nos dijo: «Les avisaré cuándo sea la fecha de cierre», porque ahora comprendo que lo que en realidad nos estaba diciendo era: «Les avisaré cuando mi cheque de comisión esté listo». Sólo le faltó añadir: «Hasta ese entonces, no me molesten»

De modo que mi punto es: encuentre alguien en quien pueda confiar cabalmente. Tómese el tiempo de buscar alguien con quien pueda establecer una relación mutuamente beneficiosa a largo plazo; alguien cuya carrera sea bienes raíces y no el amigo de su tío que cierra dos transacciones cada tres años. Obtenga opiniones de amigos y vecinos ¿A quién recurrieron y por qué?, ¿recurrirán a ese mismo agente cuando compren o vendan una propiedad? Una vez que encuentre a esa «persona especial», manténgase con ella a través de los años como asesor de confianza y negociante capaz.

Los buenos agentes prometen, en primer instancia, hacerse socios partícipes en el proceso y actúan como asesores de confianza; describen todo, de modo figurado y a veces literalmente: qué harán por usted, cuándo lo harán y por qué. Y una vez que terminan, le piden sus comentarios sinceros. Saben los detalles del mercado, su mercado, incluso todo en cuanto al vecindario y la comunidad (tipos de casas, calidad de las escuelas locales, parques cercanos, etc.) para ayudarlo a tomar no sólo una decisión bien informada, sino la correcta.

De modo que ahí está el mejor consejo de bienes raíces que puedo ofrecerle. Espero que lo ayude a no sólo evitar los problemas que tan fácilmente pueden desviar a compradores y vendedores de casas, sino que también haga del proceso lo que realmente debería ser: una experiencia maravillosa, emocionante y transformadora de la vida.

SIEMPRE DÉ SU MEJOR ESFUERZO

Frank G. Binswanger Jr.

Frank G. Binswanger es presidente de la junta de *Binswanger*,
una empresa familiar, líder de bienes raíces internacionales
con ciento sesenta oficinas en todo el mundo.

Nuestro padre, que fundó la empresa *Binswanger* en medio de la
depresión económica, siempre nos dijo: «Nunca intenten encender
la vela por sus dos extremos». Uno es corredor de bienes raíces o inver-
sionista/constructor; o representa a un cliente o se representa a uno
mismo. En términos más sencillos: no es posible servir a dos señores
y hacerlo honradamente. Aunque este tipo de consejo genera contro-
versias en el entorno actual, nos llevó a tomar buenas decisiones de
negocios en aquel entonces, y ellos han florecido puesto que nuestra
empresa ha podido dedicar toda su atención a representar al cliente sin
conflictos de interés.

Fue evidente en las décadas del sesenta y del setenta, cuando las
corporaciones e instituciones deseaban contar con una sola fuente que
manejara sus necesidades de bienes raíces en los Estados Unidos y en
todo el mundo; como resultado de ello, expandirnos de firma regional
a nacional y posteriormente a internacional, fue un rumbo que evidentemente debíamos seguir. Además, las disciplinas de trabajo de la

empresa se ampliaron para proporcionar servicios financieros, administración de propiedades y proyectos, avalúos y servicios estratégicos en un plano global.

Siempre hemos opinado que los bienes raíces es un negocio que gira en torno de la gente. Nadie jamás ha vendido un edificio usando sólo correo electrónico. Esté en la calle para que pueda hablar personalmente con sus compradores y vendedores. Forme relaciones personales significativas.

Binswanger ahora está en su tercera generación. Nuestros servicios alcanzan a todos los continentes, nos sentimos sumamente orgullosos de nuestros socios y aliados.

Parafraseando a Robert Browning, siempre hemos creído que «el hombre debe poder abarcar más de lo que alcanza con las manos, pues si no, ¿para qué es el cielo entonces?» Es decir, la mediocridad no es aceptable. Siempre dé su mejor esfuerzo.

ENFÓQUESE EN LA UBICACIÓN
Y LA EJECUCIÓN

STEVE BOLLENBACH

Steve Bollenbach es presidente y director ejecutivo de
Hilton Hotels Corporation.

Toda persona que tenga algo que ver con inmuebles sabe que la ubicación es un asunto crítico, particularmente en el negocio de los hoteles. En los lugares que haya pocos hoteles disponibles, nos irá muy bien.

Donald Trump ha aplicado esa noción muy bien; con su experiencia y renombre, podría crear desarrollos en cualquier lugar del mundo. Pero si observa dónde ha hecho sus mejores proyectos a través de los años, verá que se ha centrado en los Estados Unidos, principalmente en Nueva York, y en particular en el área central de la ciudad de Nueva York. Se concentró en los mejores bienes raíces del centro de la ciudad: *Plaza Hotel, General Motors Building*, su propio complejo de oficinas en la 5ª Avenida y propiedades a lo largo del Parque Central. Todos éstos son ejemplos de la buena aplicación de un principio evidente para todo desarrollador, pero no todos lo llevan a cabo: su éxito proviene de esa energía y del enfoque en la ejecución.

DESARROLLE UNA ZONA DONDE SE AVECINE EL CRECIMIENTO

ROBERT BOYKIN

Robert Boykin es el director ejecutivo de *Boykin Lodging Company*, una firma de inversiones de bienes raíces que cotiza en la Bolsa de Valores de Nueva York, que se especializa en hoteles; su base está en Cleveland, Ohio; esta empresa ha participado en el desarrollo, administración y propiedad de hoteles desde 1959.

El mejor consejo que he recibido de bienes raíces provino de mi padre, William J. Boykin, fundador de *Boykin Lodging Company*. Él dijo: «Desarrolla siempre tus proyectos en una zona en la cual se avecine el crecimiento. Si llegas un poco temprano, o te equivocas un poco en algún aspecto, el crecimiento te sacará a flote. Si desarrollas tus proyectos en un lugar en donde el crecimiento ya pasó y no continúa, cuando te equivoques, te equivocarás para siempre». Tenía razón.

MANTENGA SU INTEGRIDAD, SEA PACIENTE, CUMPLA CON SUS RESPONSABILIDADES, DEPENDA DE PERSONAS DE LA LOCALIDAD

DAVID BRAUSE

David Brause es presidente de *Brause Realty, Inc.*

Soy parte de una empresa de familia. Mi abuelo fundó *Brause Realty* en 1927; mi abuela, de más de noventa años, todavía viene a la oficina a diario; mi padre participa de todos los tratos de peso y tengo hermanos, tíos y primos que también participan en el negocio. Hemos tenido la mayoría de las propiedades que poseemos por treinta, cuarenta y hasta cincuenta años. Nuestra filosofía del negocio es diametralmente opuesta a la venta rápida de bienes de alto precio.

Aunque mucho de lo que sé lo aprendí de mi familia, opino enfáticamente que todo el que participe de una empresa familiar debería trabajar en otra parte primero para obtener su propia experiencia y perspectiva. Mi padre aún recuerda los edificios e inquilinos que entrevistó cuando trabajaba para una firma de corredores, antes de unirse a nuestra empresa. Empecé trabajando para *Goldman Sachs* en 1992, y durante los dos años que trabajé allí el ambiente era intenso, pero fue una gran oportunidad para aprender el negocio de bienes raíces de algunas de las mentes más creativas de la industria. El elemento de «sabiduría de la calle», que tradicionalmente ha sido esencial para el éxito en inmobiliarias, debe ser realzado por la experiencia y formación en el área legal y en la de negocios.

Hay cuatro principios que aprendí de mi familia:

1. El bien más importante de toda empresa o individuo en este negocio es la integridad. La reputación es clave. Lo peor que puede hacerse es mancillar su nombre. Creo que Brause obtiene clientes porque tenemos un nombre que significa algo. Cuando un corredor encuentra tres edificios que le agradan, y uno de ellos nos pertenece, pienso que escoge a Brause porque sabe cómo conducimos nuestros negocios; somos una empresa pequeña y podemos tomar decisiones rápidamente, somos honestos y tratamos a las personas con respeto.

2. Hay que ser paciente. Es muy fácil ser excesivamente deseoso e irse a la carga en un trato porque desea cerrarlo. Tómese el tiempo necesario antes de una decisión importante; la perspectiva que proviene de «respirar» antes de ponerse en contacto con un inquilino potencial, puede hacer toda la diferencia del mundo.

3. No hay sustituto para la preparación. Hasta hoy, mi padre lee todos los contratos de arrendamiento que nuestra firma pacta. Antes de adquirir algún edificio es necesario examinar cada contrato de arrendamiento. Sí, hay abogados involucrados y eso es técnicamente trabajo de ellos, pero él cree, y yo comparto su opinión, que no hay nada como saber todo el historial de una propiedad, aun hasta los contratos de mantenimiento básico.

4. Cuando salga de su territorio base, es importante contratar a personas locales como sus abogados, arquitectos, corredores de bienes raíces y así sucesivamente. Es un axioma, por supuesto, que las construcciones tienen todo que ver con la ubicación, y de ese axioma se puede deducir que es un negocio local. Especialmente si uno proviene de un mercado metropolitano grande como es el de la ciudad de Nueva

York y se traslada a un mercado más pequeño, mucho le conviene no dar la apariencia de un personaje sabelotodo. Esto se logra escuchando, y me refiero a escuchar en verdad. En lugar de hacer una entrada y anunciar: «Esto es lo que vamos a hacer para que su comunidad figure en los mapas», escuche lo que los dirigentes comunitarios y aun los ciudadanos locales identifican como su necesidad más grande.

Nuestra empresa participó en el desarrollo de un proyecto en Saratoga Springs, Nueva York, que nos da un ejemplo maravilloso. Debido a que pudimos crear una atmósfera de cooperación con la comunidad local, nuestras concesiones se convirtieron en beneficios, y no meras necesidades. Como resultado de ello, el proyecto ganó un premio prestigioso de la agencia de preservación histórica local.

Aunque hay pocas barreras para entrar al negocio de los bienes raíces, para permanecer en el negocio se requiere trabajo duro. En muchas formas, es casi como un matrimonio. Si bien los tratos se reducen a contratos legales, el éxito a largo plazo requiere una atención asidua a no sólo las cláusulas de dichos contratos, sino también a las necesidades de todas las partes involucradas. Para ganar se requiere esfuerzo las veinticuatro horas del día los siete días a la semana, pero las recompensas valen cada hora, día, mes y año de esfuerzo que se invirtió.

LAS SUBASTAS DE BIENES RAÍCES OFRECEN BENEFICIOS A LOS INVERSIONISTAS, YA SEA PARA COMPRAS O VENTAS

JOHN BROWN

John Brown es director de operaciones de *Express Auction*, una de las mejores firmas especializadas en subastas de bienes raíces del país.

El mejor consejo de bienes raíces que recibí es considerar las subastas como una forma en la cual comprar y vender propiedades tanto comerciales como para inversión.

Las subastas por mucho tiempo han estado asociadas con la venta de inmuebles bajo ejecución hipotecaria o en malas condiciones. Eso es cierto, pero las subastas también son un método viable y cada vez más popular para comprar y vender propiedades de primera. *La National Auctioneers Association* (Asociación Nacional de Subastadores) reporta que las subastas de bienes raíces comerciales aumentaron por 4,9% en 2005, después de un aumento del 11,1% en 2004. Muy silenciosamente, el mercado de subastas de bienes raíces ha crecido a más de $65 mil millones en ventas anuales, y un estudio que llevó a cabo la *National Association of Realtors* (Asociación Nacional de Corredores de Bienes Raíces) hace un asombroso vaticinio: para 2010 una de cada tres propiedades se venderá por medio de subastas. Edificios residenciales multifamiliares, casas adosadas, instalaciones industriales, sitios de desarrollo, lotes baldíos, edificios de oficinas, centros comerciales, hoteles, restaurantes y clubes nocturnos se vendieron recientemente en subastas.

LAS SUBASTAS CREAN UNA SENSACIÓN DE URGENCIA

Cuando un vendedor decide ofrecer una propiedad en una subasta, el propietario y la firma subastadora determinan la fecha de la misma; entonces la firma anuncia la propiedad con un sentido de urgencia para crear un aumento de interés entre los compradores potenciales para que asistan y ofrezcan en el día indicado. La subasta crea una sensación de urgencia entre los compradores, quienes comprenden que esa propiedad se venderá en una fecha particular; esto ayuda a traer a compradores serios a la subasta, que se percatan de que el vendedor está motivado y desea vender la propiedad. Los compradores entran a la subasta con pleno conocimiento de los términos del trato, las ofertas mínimas, después de inspeccionar la propiedad y de haber realizado su investigación correspondiente.

Al final, es una transacción provechosa tanto para compradores como para vendedores. Idealmente, los vendedores desean obtener un precio de venta del doble del valor de la propiedad, mientras que los compradores buscan pagar una décima parte del valor en el mercado. ¿A quién no le gustaría eso? Lo cierto es que típicamente, en las subastas se descubre el valor de la propiedad en el mercado y se encuentra un comprador dispuesto a pagar ese precio. Además, el proceso se desarrolla en sesenta días, no en seis meses ni en dos años.

LAS FIRMAS SUBASTADORAS SON PROFESIONALES DE LOS BIENES RAÍCES

Con el aumento en la popularidad de las subastas de inmuebles en vivo, las firmas que las conducen han evolucionado para ofrecer una gama de servicios que compitan con las firmas tradicionales de corredores de bienes raíces. Tienen profesionales con licencia que se especializan en el sector comercial y que tienen la capacidad de ir más allá de la mera implementación de la subasta y la mecánica de la misma.

Una vez que una firma subastadora recibe la representación de una propiedad, la casa subastadora puede manejar toda la transacción, desde la investigación preliminar hasta el cierre. A lo largo del camino, las inmobiliarias trabajan con los propietarios para evaluar el mercado, estructurar la forma y los términos de la venta, tratar con los asuntos legales o técnicos y preparar el plan de mercadeo, texto de anuncios y paquetes de información, los cuales pueden incluir propiedades comparables, información demográfica y económica de la región. La firma subastadora incita y evalúa el interés, en el día de la subasta la maneja y asegura un proceso uniforme de cierre. Después de aceptarse una oferta y de firmarse el contrato, las firmas subastadoras como Express Auction permanecen involucradas en el cuidado de la transacción desde la venta hasta el cierre.

Los corredores tradicionales trabajan con firmas de subastas de bienes raíces

Puesto que las subastas se tornan cada vez más comunes en la industria de bienes raíces comerciales, se ha incrementado el número de firmas de corredores tradicionales que ahora se han asociado con firmas subastadoras aprobadas por el Estado. El corredor tradicional ahora puede ofrecerle a un propietario un servicio de subasta como una alternativa para la venta de su propiedad.

Las subastas funcionan en mercados que están en aumento o declinación

Los inversionistas frecuentemente se preguntan si las subastas funcionan mejor en un mercado en aumento o en declinación, y si las subastas favorecen más al comprador o al vendedor en un tipo de mercado o en otro. Cuando los bienes raíces están en apogeo y el mercado favorece a los vendedores, se tiene la ventaja, no importa cuál sea el método usado para la venta. Lo opuesto resulta cierto en un mercado de compradores.

Sin embargo, las subastas ofrecen beneficios en cada tipo de mercado.

En un mercado de vendedores sólido, las subastas ayudan a obtener el precio máximo y aseguran que los propietarios reciban el monto más alto por su propiedad, puesto que toda la audiencia de compradores conoce la oportunidad gracias a las campañas intensas de mercadeo. Sin embargo, en un mercado lento, los vendedores todavía se benefician de la velocidad de la venta, y del valor que se obtiene al tener dinero en mano para reinvertirlo antes y eliminar los pagos de hipoteca, impuestos y mantenimiento.

En un mercado de compradores en el cual hay abundancia de propiedades, la subasta tiende a congelar el mercado y enfoca su atención en la propiedad que se subasta; básicamente los compradores dicen: «Voy a esperar hasta la subasta antes de hacer ofertas en propiedades similares de la zona porque esa propiedad podría ser el mejor negocio». No importa el estado de la economía o del mercado, las subastas proporcionan varios beneficios reales a los vendedores y compradores:

Velocidad de la venta. Pueden llevar a una propiedad desde el anuncio hasta el cierre en menos de noventa días, lo cual reduce los gastos de manutención de la propiedad durante su disposición y en un mercado en declinación le permite al vendedor hacer la venta antes de que se deprecie su valor.

El vendedor establece los términos. Al fijar las condiciones sin contingencias, «como está y donde está», sin garantías, depósito en «dinero contante y sonante», y cierre en treinta días al público, la única variable que los interesados pueden fijar es el monto de la oferta.

Valorización. Tanto los estudios formales como nuestra propia experiencia demuestran que las propiedades se venden a precio más alto en una subasta que en una transacción negociada. Esto se debe, al menos en parte, a que se crea una reacción forzada del mercado cuando se establece una fecha predeterminada de venta.

Transparencia. Vendedores y compradores saben que todo el proceso de subasta es transparente: la fecha de la subasta se garantiza, las reglas son fijas y las ofertas se hacen en público.

Audiencia más amplia. El método que utiliza un subastador para anunciar y mercadear permite alcanzar a un grupo muy grande de compradores… y así se revela el verdadero valor en mercado de la propiedad.

Tanto el comprador como el vendedor salen ganando. El comprador de una propiedad que se subasta también sale ganando porque evita las negociaciones prolongadas, se le brinda un campo justo de competencia y tiene la confianza de saber que el precio que se pagó es el mínimo necesario para comprar la propiedad.

Las subastas de bienes raíces ofrecen beneficios para los inversionistas, estén éstos comprando o vendiendo.

INVIERTA EN CASAS
UNIFAMILIARES DE ALQUILER

ROBERT J. BRUSS

Robert J. Bruss ha escrito la columna sindicada semanal de preguntas y respuestas sobre bienes raíces Real Estate Mailbag por más de veinte años. Es autor de *The Smart Investor's Guide to Real Estate* (Guía para inversionistas inteligentes en bienes raíces) y coautor, junto con el Dr. William Pivar, del libro de texto universitario *California Real Estate Law* (Leyes de bienes raíces en California).

El mejor consejo de bienes raíces que he recibido provino de dos fuentes. La primera fue *How I Turned $1,000 into a Million in Real Estate—in My Spare Time* (Cómo convertí $1.000 en un millón en bienes raíces en mi tiempo libre), por William Nickerson, un libro de pasta suave que compré en una tienda de regalos de un hotel en Sydney, Australia, en 1963.

Ese libro arruinó el resto de mis vacaciones. No pude dejar de leerlo, ni siquiera al visitar las hermosas islas Fiji, Tahití y Hawai en mi viaje de regreso. Era el libro más fascinante que jamás había leído, y posteriormente llegó a ser un éxito de ventas que cambió las vidas de miles de lectores, incluyendo la mía, porque daba un plan para el éxito en las inversiones en bienes raíces.

Bill Nickerson reveló en detalle cómo él y su esposa Lucille empezaron a invertir en una propiedad pequeña que necesitaba reparaciones para alquilarla y aumentaron su riqueza con impuestos diferidos hasta obtener millones de dólares en propiedades. En la actualidad, son pocas las bibliotecas públicas que todavía tienen este fantástico libro. Las copias usadas se venden hasta en $100.

Ese libro me dio la fórmula para el éxito en mis inversiones en bienes raíces. Empecé adquiriendo una vivienda triple para tres familias, para lo cual tomé prestados los $5.000 de pago inicial de mis padres (sí, saldé mi deuda), y fui aumentando esa inversión en edificios de apartamentos.

Me desvié brevemente por unos cuantos años vendiendo propiedades para inversión como corredor de bienes raíces en San Francisco, pero rápidamente descubrí que si bien las comisiones de ventas me daban ingresos inmediatos, la seguridad a largo plazo me la proveían mis inversiones en propiedades.

La segunda fuente del mejor consejo de bienes raíces que he recibido provino de una forma poco común: en 1972 me encontraba en el mostrador de un café en el hotel *Sheraton Princess Kaiulani* de Honolulú, leyendo un artículo en un diario de bienes raíces, cuando un piloto de la aerolínea Pan Am que estaba sentado junto a mí me dijo: «Veo que te interesan los bienes raíces; a mí también». Ahí se inició una conversación sobre el tipo de inmuebles que representaba la mejor inversión; él prefería las casas unifamiliares de alquiler y me contó acerca de un seminario asombroso de bienes raíces al que había asistido hacía poco.

No puedo exagerar la importancia de tomar todos los cursos de bienes raíces que le sea posible, especialmente al empezar a invertir en inmuebles. He tomado prácticamente todos los cursos sobre el tema que la Universidad de San Mateo y la escuela de la localidad a la que pertenezco ofrecieron, y posteriormente pude impartir muchos de esos cursos y hasta escribí (junto con el profesor William Pivar) un libro de texto universitario sobre las leyes de bienes raíces en California que ahora se encuentra en su sexta edición (2006). Ya sea que se inscriba en una clase de un sólo día, un seminario de fin de semana o un curso universitario semestral, ésta es una buena forma de aprender de instructores con experiencia y de evitar costosos errores de inversiones en inmuebles.

Aproximadamente un mes después de mi encuentro con aquel piloto de Pan Am, tomé el seminario que me había recomendado: *Making It Big on Little Deals* (Encuentra el éxito con tratos pequeños), dictado por John Schaub y Jack Miller en la ciudad de Reno, Nevada. Recuerdo que los instructores bromeaban diciendo que «los bienes raíces no son cosa de suerte si uno sabe lo que hace». Luego explicaron por qué las viviendas unifamiliares de alquiler son la mejor inversión de bienes raíces a largo plazo para inversionistas promedio tales como aquel piloto de Pan Am y yo.

En aquella época, era propietario de un modesto edificio de apartamentos en San Francisco que había reparado (personalmente había pintado todos los apartamentos en mi tiempo libre porque no podía pagarle a un pintor profesional) y me estaba preparando para cambiar esa propiedad por una más grande, acogiéndome al Intercambio 1031 con impuestos diferidos. Aunque ese seminario de Schaub-Miller casi me convenció de cambiar mi estrategia de adquirir edificios más grandes con impuestos diferidos por una estrategia de comprar y retener viviendas de alquiler diversificadas, todavía no estaba totalmente convencido.

No obstante, un día, poco después de la cena, el teléfono de mi casa sonó varias veces con llamadas airadas de los inquilinos de mi edificio de apartamentos, que me informaron que la calefacción no funcionaba. Mi administrador residente había salido esa noche y mis inquilinos tenían mi número telefónico particular (¡gran error de mi parte!). En San Francisco, la falta de calefacción, aun en agosto, cuando el resto del país se sofoca con el calor, es cosa seria. Como cita un dicho atribuido a Mark Twain: «El invierno más frío que jamás he pasado fue un verano en San Francisco».

Al día siguiente mandé a reparar la caldera y mis inquilinos nuevamente estuvieron contentos, pero ese evento me convenció de que no era prudente tener todos los huevos en una sola cesta (o solamente en un edificio de apartamentos), aunque cuidara esa canasta en forma minuciosa; así que decidí seguir la fórmula de Schaub-Miller: vendí mi edificio de apartamentos y adquirí viviendas unifamiliares de alquiler en su lugar. ¡Ese plan me dio grandes dividendos!

Como enseñaban Schaub y Miller en su seminario, es mucho más fácil comprar, financiar, administrar y vender con ganancias las viviendas unifamiliares que ningún otro tipo de bienes raíces de inversión.

Después de cambiar a viviendas unifamiliares pude administrar a «inquilinos y plomería» una casa a la vez; en lugar de tener empleados, contraté los servicios de contratistas independientes tales como reparadores, plomeros, trabajadores de techos y otros para hacer las tareas que se requirieran. Si un trabajador no rendía a satisfacción, no lo volvía a llamar, y nunca tuve que despedir a un empleado porque no tenía ninguno.

De igual importancia es el hecho de que cuando había un problema en una casa de alquiler, éste sólo afectaba a un inquilino. Sí, he tenido problemas tales como la obstrucción de las tuberías de alcantarillado, pero el problema no afectó a un edificio entero de inquilinos descontentos, como sucedió aquella noche en que la caldera se averió en mi edificio de apartamentos.

Con el paso de los años he comprado y vendido muchas viviendas de alquiler con ganancias significativas, frecuentemente sacándole también hipotecas de venta a plazos para mis compradores, que crearon ingresos futuros para mí sin tener que hacer trabajo adicional, solamente depositar los cheques mensuales de hipoteca. A menudo vendí mis casas a mis inquilinos bajo contrato de alquiler con opción a compra. Ellos obtenían así un buen trato, con créditos generosos por el alquiler que ya me habían pagado. Mis beneficios en los alquileres con opción a compra eran más altos que las rentas normales y, además, una vez efectuada la venta, recibía ingresos por interés de hipoteca en años futuros.

Siempre le estaré agradecido a William Nickerson por el gran consejo que me dio en *How I Turned $1,000 into a Million in Real Estate—in My Spare Time*. Me mostró cómo enriquecerme invirtiendo en propiedades residenciales.

De igual importancia, John Schaub (autor de *Building Wealth One House at a Time* [McGraw-Hill, 2004]) y Jack Miller me enseñaron que las viviendas unifamiliares de alquiler son la mejor inversión para los inversionistas promedio porque las casas son fáciles de comprar, financiar, administrar y vender con ganancias.

UN PLANTEAMIENTO LÓGICO PARA LAS PROPIEDADES BAJO EJECUCIÓN HIPOTECARIA

M. ANTHONY CARR

M. Anthony Carr ha trabajado en la industria inmobiliaria como inversionista, agente, entrenador especializado, columnista sindicado y autor desde 1989. Anteriormente fue editor de bienes raíces de *The Washington Times* y es autor de *Real Estate Investing Made Simple: A Commonsense Approach to Building Wealth* (Simplificando las inversiones: un planteamiento lógico para edificar riqueza).

El mejor consejo de bienes raíces que he recibido es que cuando uno se acerca a un vendedor presionado para comprarle una propiedad sujeta a ejecución hipotecaria, es sabio desarrollar una relación de trabajo con esa persona lo antes posible. Hágale saber que usted está allí como inversionista para ayudarlo a evitar la ejecución hipotecaria y poner dinero en efectivo en sus bolsillos.

Muchos inversionistas potenciales que quieren sacar ganancias por medio de la compra de propiedades en ejecución hipotecaria, usualmente obtienen esta idea de algún comercial de televisión difundido a altas horas de la noche, el cual origina que me envíen un correo electrónico preguntándome cómo pueden iniciarse en este negocio. Es cierto que las propiedades en ejecución hipotecaria son una forma de obtener dinero rápido para los que obtienen la propiedad al precio o condiciones adecuadas y que luego pueden venderla con ganancias grandes. El desafío es que muchas veces uno está compitiendo en las puertas del tribunal con otros inversionistas que buscan hacer lo mismo.

Haga lo que los demás no están haciendo, y aumentará sus ganancias significativamente. Busque las propiedades que están en pre-ejecución hipotecaria; éstos son los verdaderos diamantes sin pulir de los bienes raíces residenciales. Son más rentables porque uno trata con propietarios bajo presión que están dispuestos a vender la propiedad a un precio muy rebajado para ahorrarse la ruina de su historial crediticio, el bochorno y la presión financiera. En el mundo de las ejecuciones hipotecarias, uno trabaja con abogados de bienes raíces y de ejecución hipotecaria que no tienen emoción alguna en conexión con la transacción. Ellos buscan una sola cosa: obtener la mayor cantidad posible de dinero por la propiedad para pagar la hipoteca y entregarle la propiedad a un nuevo dueño.

El primer paso es *buscar los registros de avisos de incumplimiento* en la corte del condado. Este documento se le envía al dueño de una propiedad que ha incumplido con su hipoteca; el dueño ahora va rumbo a la ejecución hipotecaria y tiene sólo unas cuantas semanas para poner la hipoteca al día, de lo contrario perderá la casa. Al investigar estos registros se puede encontrar al propietario que está dispuesto a negociar ahora, antes de que los competidores lleguen a las puertas del tribunal. No se puede esperar mucho. La fecha tope se aproxima rápidamente una vez que el aviso de incumplimiento se envió.

El segundo paso es moverse rápidamente para obtener una cita con el propietario. Usted quiere ver si está listo para negociar una transacción que le permita evitar la ejecución hipotecaria, proteger su historial de crédito y ponerle dinero en los bolsillos.

Sin embargo, tendrá que enfrentar una plétora de emociones del propietario: negación (de que está en problemas graves), enojo (de que usted está tratando de sacarle ganancia a sus males financieros), expectativas poco realistas (de que usted, de alguna manera, le dará un préstamo, le permitirá alquilar la propiedad o que pagará el precio que él pide). Aprenda rápidamente a tratar con estas emociones, es decir, trabaje desde un punto de vista completamente profesional y cortés, con la oferta de ayudarlos en su dilema.

Su meta es quitar el nombre del dueño del título de la propiedad y sustituirlo con su propio nombre, deteniendo así la ejecución hipotecaria al poner la propiedad al día y pagar la hipoteca anterior (al igual que los impuestos o derechos prendarios que tenga el título).

El tercer paso es *estar debidamente preparado* antes de acercarse al dueño en pre-ejecución hipotecaria, por medio de obtener lo siguiente:

- Dinero para la adquisición (dinero en efectivo o un préstamo).
- Dinero para reparaciones (obtenido de modo igual que en el punto anterior).
- Un inspector de casas confiable (para averiguar qué costos de reparación tendrá que enfrentar).
- Contratistas (listos y capaces de trabajar en la propiedad en cuestión de días).
- Un abogado (para llevar a cabo la investigación del título de propiedad y el cierre).

Usted quiere darle dinero al vendedor bajo presión, pero el desafío es determinar el monto adecuado; primero necesita saber la relación entre el monto del préstamo (o los préstamos) y el valor de la finca. En sus cálculos para determinar si el trato vale la pena o no, tendrá que determinar el valor en el mercado de la casa (después de haberla reparado), los costos de adquisición (gastos de cierre, morosidad, etc.), gastos de reparación, gastos de mercadeo y sus ganancias.

Su meta es obtener una ganancia del 15 al 25%, como mínimo, del precio de venta de la propiedad, de lo contrario podría no valer la pena el esfuerzo. Como inversionista en pre-ejecución hipotecaria, usted busca un margen de ganancias suficientemente grande, de modo que una vez que haya adquirido la vivienda, un defecto oculto no consuma todas sus ganancias.

ESCOJA SABIAMENTE A SU AGENTE DE BIENES RAÍCES

Rich Casto

Rich Casto es el fundador de *Real Estate Coaches* y columnista de las revistas *Realty Times, Broker Agent, FrogPond y Broker Agent News.*

El mejor consejo de bienes raíces que he recibido es ser sabio al escoger a su agente de bienes raíces. Recuerde que el mercadeo y los anuncios por sí solos no venden las propiedades.

Cuando llega el momento de poner su casa en el mercado, no importa cuál sea su motivación, la selección de un agente de bienes raíces es su primera y más importante acción. Pero, ¿cuáles deben ser sus criterios de selección? Puesto que los agentes cobran hasta un 7% de comisión en la venta de una vivienda, esta decisión se torna crítica. Usted desea tener un agente que pueda obtener el precio más alto por su casa y venderla rápidamente con el menor número de dolores de cabeza para usted.

Esto es lo que debe buscar:

1. Conocimiento del mercado. Este agente está formando un equipo con usted para proteger su bien más valioso: su morada. ¿Cuánto conoce este agente al mercado? Pregúntele hacia dónde opina él que irán las tasas de interés en los próximos seis a doce meses. ¿Cómo se ve la oferta de casas en este momento y cómo será en el futuro? Un agente conocedor le dará sus opiniones y citará a sus fuentes para respaldar su apreciación del rumbo futuro del mercado.

2. Facultades de negociación. La mayoría de los agentes carece de habilidad en esta área. Pídale a su agente potencial que le explique paso por paso cómo piensa negociar para obtener el precio más alto por la propiedad, desde la recepción de una oferta, las contraofertas, hasta la aceptación. Esté preparado para recibir miradas en blanco, no todos están bien capacitados en esta habilidad. Un agente deberá comprender la importancia de trabajar con el agente del comprador porque el comprador es crítico. En esta negociación no se trata de obtener posturas de ventaja, sino de lograr un trato en el que todos salgan ganando; los negociadores hábiles respaldan las contraofertas con evidencia que demuestra que el precio es un trato fabuloso para el comprador. Encontrar un agente con un plan de negociación será difícil, pero vale la pena.

3. Estrategia de precios. Hay muchos agentes que no comprenden cómo determinar precios adecuados. No importa por cuánto se han vendido otras casas, lo que importa es su competencia. Cuando usted compró su residencia actual, no la comparó con las que ya se habían vendido y que ya no estaban en el mercado, sino que buscó viviendas de la misma gama de precios que estaban a la venta en ese momento y tomó su decisión de compra. Asegúrese de que la estrategia de precios del agente se base sobre lo que los compradores van a usar como base de comparación para su casa, incluyendo construcciones nuevas, porque estos elementos compiten por la atención del comprador. Un agente que pasa por alto las construcciones nuevas en su análisis del mercado está dejando fuera a un competidor principal.

4. Mejoras a la casa. Sin tener que gastar dinero adicional, un agente debería poder reacomodar su casa para mostrarla mejor; si el agente no hace esto, deberá tener entonces una carpeta de preparación que contenga fotografías de propiedades antes y después de anunciarlas en el mercado. Cuando se busca al comprador que va a ofrecer el mejor precio, las mejoras a la casa deben ser la ficha clave que lo convenza.

Los anuncios proporcionan la comercialización. ¿Recuerde cuando usted compró su hogar? Probablemente observó todas las casas dentro de su alcance económico y escogió la que le pareció más valiosa. ¿Cuándo entró en juego el anuncio de la propiedad? Los agentes que tratan de convencerlo con su «plan de mercadeo» realmente no comprenden el factor más importante para obtener el mejor precio.

CINCO PRINCIPIOS PARA EL ÉXITO

PHOEBE CHONGCHUA

Phoebe Chongchua es escritora sobre bienes raíces, agente de ventas de *Guiltinan Group* y experimentada reportera de televisión con base en San Diego, California.

Como escritora nacional sobre bienes raíces, agente de ventas y veterana reportera de televisión he entrevistado a miles de personas para hacerles preguntas detalladas sobre inmuebles y cómo tener éxito en este mercado. He aquí cinco principios clave que he encontrado.

1. Participe en el juego de los bienes raíces. En 2006, según la revista Forbes, había casi ochocientos billonarios; más de sesenta de ellos hicieron su fortuna total o parcialmente en esta industria. Si busca la oportunidad de hacerse rico, es necesario que participe del juego.

2. Compre y retenga. Esto contradice lo que he visto suceder en varios mercados en los Estados Unidos de América: especuladores que tratan de anticipar el movimiento del mercado y compran propiedades con la intención de obtener ganancias inmensas. Si bien eso algunas veces sucede, es un negocio riesgoso. En bienes raíces, la riqueza usualmente no se obtiene de la noche a la mañana; comprar y retener propiedades puede generar ganancias mayores a largo plazo.

3. Nunca venda; en lugar de ello haga un Intercambio 1031. He hablado con muchos agentes de ventas que afirman que cuando uno quiere deshacerse de una propiedad de inversión o comercial, el canje es el mejor método para hacerlo. Si utiliza un Intercambio 1031 para postergar sus ganancias sujetas a impuestos, esto no sólo le ahorra dinero sino que también le permite comprar la siguiente propiedad que desee.

4. Las reservas de dinero en efectivo son mejores que el flujo de efectivo. Por supuesto, lo óptimo es tener ambas cosas, pero el abogado y autor William Bronchick me indicó que las reservas de efectivo son mejores que el flujo de efectivo. ¿Por qué? Supongamos que usted es dueño de una propiedad que le da $400 de ganancias mensuales, la letra de la misma es de $1.500 y usted tiene poca o ninguna reserva de dinero en efectivo. Si la propiedad se desocupa por un mes, esto le consumirá más de tres meses de ganancias. Ahora, si al mismo tiempo que se desocupa es necesario hacer reparaciones, podría irse rápidamente a la bancarrota. Pero, al igual que en todo negocio, las reservas de efectivo lo ayudan a sobrevivir durante períodos difíciles; aun si tiene un flujo de efectivo negativo de $200, pero cuenta con $20.000 en el banco, estará preparado para las épocas difíciles. El asunto es tener reservas de dinero que ayuden a sostener la propiedad. En un mercado de apreciación, si tiene reservas de efectivo, aunque tenga una cantidad pequeña de flujo de efectivo negativo, al final saldrá adelante.

5. Sea entusiasta, mas no se emocione excesivamente. Cuando nos emocionamos excesivamente, con frecuencia olvidamos hacer preguntas importantes. Algunas veces a la discreción la reemplazan emociones frívolas que hacen que la cosa parezca ser más importante de lo que es. En los bienes raíces, no importa que esté comprando su residencia principal o su centésima propiedad, el ser entusiasta y diligente en cuanto al trato lo beneficiará, pero si se emociona excesivamente con la transacción, probablemente pasará por alto las ventajas y desventajas de la propiedad. Por ejemplo, cuando hay ofertas múltiples por una propiedad y se enfrasca uno en una guerra de ofertas, los compradores que se emocionan excesivamente y buscan ganarse la propiedad pueden llegar a descubrir que pagaron mucho más de lo que valía.

ESCUCHE SU 17 TELEVISOR

FRANK COOK

Frank Cook es autor de libros sobre bienes raíces que han estado en la lista de los de mayor venta; sus títulos incluyen: *21 Things I Wish My Broker Had Told Me* (21 cosas que desearía que mi agente de bienes raíces me hubiera dicho), *You're Not Buying That House, Are You?* (Usted no está comprando esa casa, ¿o sí?), y *21 Things Every Home Inspector Should Know* (21 cosas que todo inspector de casas debería saber).

El mejor consejo de bienes raíces que he recibido me lo dio un comprador/agente de ventas (Jim Warkinton, de Virginia del Norte), quien me dijo que si deseaba tener éxito en esta industria, debería ver televisión.

En su opinión, la mejor señal de que un mercado en aumento está empezando a cambiar es cuando se ven agentes de bienes raíces en la televisión diciendo que son una gran inversión «en este momento».

«Cuando los agentes de bienes raíces empiezan a vender casas como inversión en lugar de residencia, uno sabe que el mercado está a punto de cambiar», dijo Warkinton.

Según este agente, los inversionistas profesionales y prudentes saben cómo aprovechar el mercado, mientras que la mayoría de los agentes que trabaja en las calles, no. Él lo compara con el «síndrome de no ver el bosque por la abundancia de árboles». Cuanto más se acercan los agentes de bienes raíces al mercado, y más se ocupan, más probable será que no se percaten del cambio en el mercado, porque forman parte del mismo.

Cuando se dan cuenta de que los porcentajes de ganancia están en dígitos dobles, es demasiado tarde para entrar en el punto más bajo del movimiento. De hecho, el mercado puede estar cerca de su cumbre cuando este tipo de agente se percata; en otras palabras, los agentes de bienes raíces se suben al tren justo antes de que se detenga y empiezan a anunciar las propiedades en venta como «inversiones excelentes».

Aunque mi amigo me advirtió que eso no significa que uno debe evitar entrar en el negocio.

Me señaló que la mayor parte de las «bajas» en realidad no es más que un efecto de nivelación. Realmente, los valores del mercado no desmejoran, sino que dejan de seguir aumentando y aumentando (por supuesto que existen las excepciones: si la gran fábrica del pueblo repentinamente tiene una ola masiva de despidos, los valores de las propiedades podrían irse en picada).

En la mayoría de los mercados en donde ocurre un descenso, en el peor de los casos, los valores disminuyen entre un 5 y un 10%, y esto generalmente no dura más de dieciocho meses a dos años, hasta que el mercado reanuda una trayectoria de aumento (una vez más cabe aclarar que siempre existen las excepciones. En California, desde principios y hasta mediados de la década del ochenta, hubo un descenso en el mercado que le tomó cinco años para recuperarse. Hubo un exceso tanto de construcciones como de especulaciones en escala masiva, lo cual condujo al desastre a las sociedades de ahorros y préstamos).

En su mayor parte, este consejo ha pasado la prueba del tiempo, hasta hoy. Aunque consistentemente han habido minuciosos reportes en los periódicos acerca de la expansión del mercado de las casas en los últimos años, no fue sino hasta mediados de 2005 que los agentes de bienes raíces y los medios de comunicación en masa empezaron a inflar este globo, mencionando anécdotas de conductores de taxi en fiestas formales que alardeaban de haber obtenido $50.000 de ganancia en tres meses con bienes raíces.

No habían pasado cinco meses cuando se empezaron a escuchar historias de que el mercado de las casas se estaba «enfriando».

TRABAJE CON LO QUE TENGA A MANO

18

Barbara Corcoran

Barbara Corcoran es fundadora de *The Corcoran Group*, empresa líder de bienes raíces de la ciudad de Nueva York, y autora de *Use What You've Got and Other Business Lessons I Learned from My Mom* (Usa lo que tengas y otras lecciones de negocios que aprendí de mi mamá) y *If You Don't Have Big Breasts, Put Ribbons on Your Pigtails* (Si no tienes pechos grandes, ponte listones en las trenzas).

(Extraído del libro *If You Don't Have Big Breasts, Put Ribbons on Your Pigtails*, escrito por Barbara Corcoran y publicado por el *Penguin Group*, con derechos de Barbara Corcoran).

La historia de mi empresa millonaria empieza así: tomé prestados $1.000 de un amigo. Bueno, no los tomé prestados, mi amigo me los regaló; y no era un amigo, era mi novio. Pero cuando me mudé a mi primer apartamento en la calle 86 oriente con dos compañeras, tenía $1.000 para iniciar una empresa de bienes raíces.

Parecía muy sencillo, ¡prácticamente no tenía costos de oficina! Probablemente lograría alquilar dos, tal vez tres apartamentos al día y ya tendríamos ganancias para el segundo domingo de cada mes. «El resto será puro postre...», le dije a mi socio/novio, Ramone Simone. «Y lo compartiremos a medias», añadió. O casi a medias: 49% para mí y 51% para él. Después de todo, explicaba, era el que arriesgaba el dinero.

Yo estaba limpiando el mostrador del *Fort Lee Diner* la primera vez que Ramone entró; era una noche quieta, sólo había unos cuantos clientes en el restaurante y la otra mesera, Gloria, los estaba atendiendo a todos. Bueno, Gloria y sus dos amigas bien redondas. Gloria tenía un cuerpo como el de Dolly Parton, con un rizo grande de cabello rubio oxigenado. Sus pechos eran la especialidad de la casa y tenía el poder de atraer a hombres desde la calle, aun si no tenían hambre; ella podía llevar seis tazas de café apiladas sobre ellos sin derramar una sola gota.

Gloria y su dúo dinámico habían puesto al *Fort Lee Diner* en escena, y observar cómo sus gemelas saltaban cuando caminaba por el restaurante se había convertido en un deporte en *Fort Lee*. Estaba observándola trabajar en la sección delantera del establecimiento y, por sentirme ocupada en algo, me puse a limpiar el mostrador desierto de formica con un trapo blanco saturado en humedad.

Entonces las puertas dobles de aluminio en el otro extremo del restaurante se abrieron y allí entró mi destino... Supe que estaba allí antes de levantar la mirada; con su piel morena y cabello negro azabache, era muy diferente a los clientes de clase obrera que frecuentaban el establecimiento. Sus gafas azules tipo aviador le daban un parecer muy diferente, como de un país muy lejano; supuse que por lo menos era del otro lado del río.

Pidió una taza de té. Mientras yo entraba y salía por la puerta giratoria de la cocina, él permaneció sentado, sorbiéndolo, casi sin moverse, observándome mientras atendía el mostrador... Ramone me dijo que era del País Vasco. Yo no sabía si eso quedaba en Nueva Jersey o no, y supongo que mi rostro me delató. No es un lugar cualquiera de España, es el estrato superior de la sociedad franco-española...

Me dejó sesenta y cinco centavos en el mostrador y ofreció llevarme a casa. No tuve que evaluar mis alternativas: caminar las cinco cuadras al autobús número 8 en la Avenida Lemoine, o que me llevara a mi domicilio un hombre del País Vasco. «Salgo a las diez», le dije impulsivamente.

Luego de terminar mi turno, bajé los peldaños del restaurante de dos en dos. Ramone estaba estacionado al pie de las gradas en un Lincoln Continental amarillo, del tipo que tienen la joroba en la parte trasera... Abrí la puerta y entré a un automóvil muy diferente de todos los que jamás había visto antes; los asientos se sentían como de talco contra mis brazos y olían a costoso, a diferencia de los asientos crujientes de la camioneta azul de mi papá... Mi familia detestó a Ray de entrada, especialmente mi madre, quien, al contrario de su carácter normalmente hospitalario, deseaba que este Caballero Negro saliera de su propiedad lo antes posible. «Es mucho mayor que tú» es todo lo que recuerdo que me dijo después de que Ray partió; lo que no dijo era como un silencio ensordecedor.

Ray me esperaba fuera del restaurante todas las noches y me llevaba a casa; supongo que podría decirse que estábamos saliendo juntos, pero nunca estimé esos viajes de esa manera. Me dijo que trabajaba desarrollando proyectos de bienes raíces y que había construido viviendas en todos los pueblos de Nueva Jersey, excepto el mío. También me enteré que era quince años mayor que yo, que era divorciado y que tenía tres hijas. Para mí, todo esto aumentaba la intriga.

Unos cuantos meses después, Ray me dijo que una chica inteligente como yo debía vivir en la Gran Manzana, y para ayudarme a empezar, ofreció pagarme una semana de estadía en el Hotel Barbizon para mujeres. Para consternación de mi madre, salté ante su oferta y empaqué unas cuantas pertenencias...

Ray me dio dinero para que fuera a comprarme un «atuendo verdadero de Nueva York». Compré uno violeta... Salí de *Bloomingdale's* toda de violeta y me paseé por la Avenida Lexington cantando: «*Hey there! Georgy Girl, swinging down the street so fancy free...*» Sabía que me veía bien y necesitaba sólo dos cosas más para poder quedarme en Nueva York: trabajo y un apartamento.

A la mañana siguiente me puse mi traje nuevo y llené una solicitud para un puesto de recepcionista en la empresa *Giffuni Brothers*, en la esquina de la calle 83 con la 1ª Avenida. Thelma, la persona que me entrevistó, me explicó que los Giffuni eran dos terratenientes adinerados, eran dueños de una docena de edificios de apartamentos en Manhattan y en Brooklyn; me dijo que mi responsabilidad era saludar a cada inquilino que llamara diciendo: «Buenos días, *Giffuni Brothers*».

Para el final del día había obtenido el puesto de recepcionista y para el fin de semana había usado los anuncios clasificados del *Village Voice* para hallar un apartamento a tres cuadras de la oficina y a dos chicas que compartieran el alquiler; me mudé del Hotel Barbizon.

Mi trabajo con los Giffuni me introdujo en el mundo de los inmuebles en Manhattan. Vestí mi traje violeta ocho días por semana y probablemente repetí «Buenos días, *Giffuni Brothers*» unas ochocientas veces por día, pero después de unos cuantos meses de «Buenos días, *Giffuni Brothers*» con entusiasmo le di a Ray mi charla de «cero gastos de oficina» y de estar sacando ganancias para el segundo domingo de cada mes, y él me dio los $1.000 para iniciar una empresa de bienes raíces. Nos hicimos socios y la bauticé con el nombre de Corcoran-Simone. Mi antiguo jefe, Joseph Giffuni, me dijo que si yo le hallaba un inquilino para uno de sus apartamentos, él me pagaría todo un mes de alquiler como comisión. Me mostró la lista de apartamentos de alquiler que tenía y escogí el 3 K de una recámara, el más barato de la lista.

Improvisé mi oficina de Corcoran-Simone en el sofá que una de mis compañeras de apartamento había tomado prestado de sus padres. Mi recién instalado teléfono Princesa Rosa permanecía silencioso en la mesa de dos niveles de caoba, mientras ojeaba detenidamente la sección de anuncios clasificados de *The New York Times* del domingo. Según mi cuenta, se habían anunciado precisamente mil doscientos cuarenta y seis apartamentos de una recámara. Los anuncios eran de cinco o seis renglones y los alquileres variaban de $320 a $380 al mes. Observé que los mejores anuncios del grupo eran ostentosos, con títulos grandes en letra llamativa que decían cosas como: «¡FABULOSO!», «1 REC VISTA RÍO», «SÚPER LIMPIO» seguido de una lista larga de superlativos.

Hice unos cálculos en un cuaderno y me di cuenta de que los anuncios grandes costaban mucho más que mi presupuesto, así que decidí limitar mi anuncio a cuatro renglones o menos para hacer que los $1.000 de Ray me duraran todo el mes, pero me preguntaba, *¿cómo puedo hacer para que mi anuncio sobresalga entre los otros más grandes y cómo podría llamar la atención de un posible inquilino?*

Estiré el cuello, levanté la mirada del periódico y pensé en mi trabajo en el *Fort Lee Diner ¡Ah, Gloria!* Ella tenía una treta. En mi primer día en ese restaurante, vi que Gloria tenía ventajas que yo nunca tendría, y esa noche fui a desahogar mi frustración con mi madre.

—Y cuando no estábamos muy ocupados, mamá, mi mostrador estaba desierto; aún cuando el puesto de Gloria estaba lleno, todavía había hombres pidiendo que los atendiera ella y no yo.

—Barbara Ann, tú tienes una personalidad estupenda —me dijo mi madre mientras balanceaba a la bebé Florencia sobre su cadera y colgaba una sábana en el tendedero—. Tienes que aprender a usar lo que tienes. Ya que no tienes pechos grandes, ¿por qué no te atas listones en las trenzas y te portas con esa dulzura que te distingue?

Y así fue como Ray me encontró dos años después, con listones en mis trenzas y ofreciendo una alternativa alegre a la rubia sensacional de los pechos grandes y la cintura minúscula de *Fort Lee*. Lo consideraba como una victoria personal cada vez que un cliente entraba al restaurante y pedía que lo atendiera «Trenzas». Esta sencilla treta los atraía a mi mostrador y mis dulces palabras hacían que volvieran.

Sentada sola en mi apartamento con el *New York Times* abierto sobre mi regazo, pensé en el consejo que me dio mamá para competir con los superlativos de Gloria. Sabía que necesitaba algo que llamara la atención del apartamento 3 K. *¿Cómo, me pregunté, puedo ponerle listones a un apartamento típico de una recámara en cuatro renglones o menos y hacer que sobresalga entre los otros mil doscientos cuarenta y seis?*

Respiré profundo y tomé mi teléfono Princesa Rosa. «Hola, Sr. Giffuni —empecé—. He estado pensando acerca de su apartamento de una recámara en el tercer piso, y creo que ya encontré la manera de alquilarlo por $20 más al mes». Había capturado su atención. Le dije cómo la sala del apartamento 3 K era igual a las salas de todos los demás apartamentos en los demás edificios de Nueva York, y lo convencí de que si añadía una pared que separara la sala de la alcoba del comedor, realmente tendría algo diferente. El Sr. Giffuni titubeó, lo pensó un poco, y luego me dijo que mandaría a instalar la pared esa semana. Llamé al periódico para poner el anuncio.

El domingo siguiente, mi primer anuncio de cuatro renglones (la letra **negrita** contaba por dos renglones), apareció en el *New York Times*:

1 REC + ESTUDIO $340
Barbara Corcoran
212.355.3550

No era un anuncio grande como los otros, pero ofrecía algo más. ¿Quién se conformaría con un apartamento de una recámara, cuando por el mismo precio podía obtener uno de una recámara más un estudio?

Ese domingo empezaron las llamadas y el lunes alquilé mi primer apartamento.

Lección n° 1 de mamá: Si no tienes pechos grandes, ponte listones en las trenzas.

La lección que aprendí es usar cuanto se tenga a mano.

No tenía pechos grandes, pero sí tenía una personalidad agradable, una sonrisa llamativa y el don de la conversación. Todo lo que necesité fue el consejo de mi madre para empezar a utilizar estas cosas a mi favor; ésa fue mi primera lección en ventas.

Aunque el apartamento que publiqué no era más grande que los cientos de otros apartamentos que se anunciaron ese domingo, el mío llamó la atención porque ofrecía algo más: una habitación adicional. El anuncio «1 REC + ESTUDIO» hizo que el cliente se enfocara en el beneficio percibido de más espacio, y la respuesta abrumadora me dio mucho más resultado de lo que gasté en el anuncio.

La buena técnica de ventas no es nada más que maximizar lo positivo y minimizar lo negativo, aunque la competencia pueda ofrecer algo que usted no pueda igualar, eso no importa. Lo que importa es que identifique y aproveche lo que sí tiene.

LA PRIMERA OFERTA USUALMENTE ES LA MEJOR

RICHARD COURTNEY

Richard Courtney, autor de *Buyers Are Liars and Sellers Are Too* (Los compradores mienten y los vendedores también) es el corredor de bienes raíces principal de la oficina de Fridrich and Clark Realty en el Callejón de la Música en Nashville, Tennessee. Participa en la junta directiva de *National Association of Realtors* (Asociación Nacional de Agentes de Bienes Raíces) y ha recibido el Premio del Presidente por su trabajo en asuntos legislativos.

Fue Karl Haury, uno de los innovadores en la construcción de condominios en la década del sesenta en Nashville, que me aconsejó que trabajara la primera oferta que recibiera como si fuera la última porque, curiosamente, casi siempre ésta sería la mejor oferta.

Al principio me negaba a creerlo. Era joven, inexperto y suficientemente osado como para compartir la confianza que tenían algunos de mis clientes de que siempre llegaría una oferta mejor después. Muchos vendedores sentían que si recibían la primera oferta con mucha facilidad, eso significaba que existía un océano de compradores dispuestos a pagar un precio más alto por su propiedad. Pero algunas veces el precio de venta se basa tanto en las necesidades del vendedor como en el valor de la propiedad, y en esos casos los vendedores que rechazaron una oferta tempranera, regresan a preguntarme:

—¿Qué pasó con esa gente que nos hizo aquella oferta hace tres meses?

—Compraron otra propiedad —he contestado en casi todos los casos— aunque no les gustaba tanto como la tuya. Es una lástima que no pudimos cerrar trato con ellos.

Un vendedor y su agente deberían mimar, nutrir, masajear y apreciar esa primera oferta. Haga una contraoferta, pero que sea justa. Una oferta que se recibe en los primeros días que la propiedad aparece en el mercado es más valiosa que las demás ofertas que se harán. La siguiente oferta podría no llegar sino hasta después de una reducción en el precio.

Recibir la primera oferta significa que ha logrado su primera meta: encontrar un comprador interesado. Entonces venda la propiedad.

ESCOJA UN BUEN SOCIO

LESTER CROWN

Lester Crown es director ejecutivo de *Henry Crown and Company*, firma inversionista cuyos activos incluyen acciones en *Maytag, New York Yankees* y en bienes raíces

El mejor consejo que he recibido en cuanto a bienes raíces no sólo tiene que ver con bienes inmuebles sino con cualquier transacción: no es posible hacer un buen trato con un mal socio.

AÑADA VALOR A SU INVENTARIO DE BIENES RAÍCES

21

GIL DEZER

Gil Dezer es parte del equipo de padre/hijo de *Dezer Development* y presidente de *Trump Grande Ocean Resort and Residences*. Es uno de los constructores de edificios de lujo más jóvenes de la nación.

No cabe duda de que a mayor edad, mayor experiencia. Mi padre ha pasado por todo, lo ha visto todo y sabe cómo manejar todas las situaciones; pasar tiempo a su alrededor me permite captar sus instintos y esto me ha dado la experiencia necesaria para impartir ciertos consejos sobre bienes raíces que estimo esenciales para sobrevivir en la industria:

Retenga sus propiedades. Retenga, retenga, retenga; no venda si no necesita el dinero.

Reinvierta y mejore. Siempre mejore su inventario de inmuebles comprando algo mejor luego de vender una propiedad, mientras que reinvierte sus ganancias por medio de Intercambios 1031.

Comercialice adecuadamente. Cuando buscábamos vender al precio más alto por pie cuadrado, nos dimos cuenta de que el uso de una marca conocida era la forma más rápida de traer credibilidad y valor a un proyecto, así que para cumplir nuestras metas de ventas a precio alto de varias unidades, creamos el valor máximo al asociarnos con Donald Trump. Su nombre, experiencia y mercadeo nos dieron valor y credibilidad instantáneos en un mercado que era nuevo para mí. Por supuesto que desplegar el producto en el pabellón de ventas más hermoso jamás creado era una necesidad para respaldar las expectativas que se generarían al entrar en una propiedad Trump. Esto también le dio a nuestros compradores una muestra del trabajo de calidad que hacemos y un vistazo de cómo se sentiría su nuevo hogar. Este concepto de marca en el mercadeo se ha puesto en práctica con muchos tipos de productos, pero rara vez en bienes raíces.

Haga que se vea bien. La gente paga más si percibe un valor mayor. Para vender una propiedad, manténgala en la mejor forma posible para que el comprador futuro piense que tiene menos problemas de mantenimiento al cerrar. Al comprar, busque reparaciones cosméticas que oculten posibles problemas futuros a menos que, por supuesto, sea un trato realmente bueno.

¡Al final el dinero se encuentra al tener la capacidad de aguantar los dolores de cabeza!

ESCOJA UN SOCIO DIGNO DE CONFIANZA

Thomas E. Dobrowski

Thomas E. Dobrowski previamente fue director administrativo de inversiones en bienes raíces e inversiones alternativas de *General Motors Asset Management*.

He descubierto que, definitivamente, el mejor consejo de bienes raíces que he recibido, el cual fue rápidamente confirmado por la experiencia, es escoger cuidadosamente a socios íntegros que están orientados hacia las relaciones interpersonales.

El negocio de los bienes raíces es cíclico, en el cual muchos factores contribuyen al éxito; la ubicación y la calidad de los bienes frecuentemente se citan como los aspectos más importantes de una inversión, pero yo diría que el aspecto más importante es la selección de socios.

A lo largo del transcurso de mis treinta y cinco años de carrera en el negocio de la administración de bienes, he tenido el privilegio de asociarme con muchos de los ídolos de esta industria, incluyendo a constructores, desarrolladores de proyectos, ingenieros financieros y empresarios sagaces. Además de poseer la experiencia requerida con uno o más tipos de propiedades (oficinas, industriales, multifamiliares, alojamiento, etc.), dos características dignas de mención que muchos de éstos tienen en común es un alto nivel de integridad y el reconocimiento del valor de una relación a largo plazo. Esto casi siempre dio por resultado una estructura justa de tratos y brindó acceso a un flujo continuo de nuevas ideas y oportunidades atractivas.

La industria de los bienes raíces en los Estados Unidos, al igual que en muchos otros países, la controla un número relativamente pequeño de participantes. Hay muchos más proveedores de capital que los proveedores de experiencia en bienes raíces que poseen un nivel elevado de integridad y que reconocen el valor de una relación a largo plazo. La selección correcta de socios no sólo mejora la posibilidad de obtener recompensas financieras sólidas, sino que también facilita la vida cuando las cosas no van de acuerdo con los planes. El resultado final: los buenos socios hacen que los bienes raíces sean divertidos.

EL ÉXITO EN BIENES RAÍCES LLEGA A TRAVÉS DEL TRABAJO ARDUO Y DE CONTACTOS DIRECTOS DE VENTAS

CROSBY DOE

Crosby Doe es socio de *Mossler & Doe*, una firma que fundó junto a David Mossler. La firma representa y vende bienes raíces, propiedades residenciales históricas y arquitectónicas, principalmente en el sur de California.

El mejor consejo de bienes raíces que he recibido provino del primer corredor para quien trabajé, un hombre llamado Larry O'Rourke, cuando yo tenía veintiséis años, en 1973. Me dijo que para los agentes de ventas, el éxito se basa en los números. ¿A cuántas personas ha llamado?, ¿cuántas propiedades ha podido exhibir?, ¿a cuántos anuncios ha respondido? El éxito en los bienes raíces no cae del cielo. Depende del trabajo arduo y de contactos directos.

Permítame darle un ejemplo. Identifiqué mil casas que tenían importancia histórica y arquitectónica e hice contacto con sus propietarios. Si una persona se muda, en promedio, cada diez años, más o menos, esto significa que cada año hay cien casas de interés que salen a la venta, y las tengo todas. Ha sido así de sencillo desde aquel entonces.

Para 1976 me había unido a *Bob Crane & Associates*. Crane me dio la oportunidad de fundar una división de arquitectura dentro de su empresa. Era la primera división en el negocio de bienes raíces que se especializaba exclusivamente en propiedades históricas. Lo que preocupaba a Crane, aunque nos estaba yendo bien después de nueve meses, era que pensaba que no podíamos ganarnos la vida vendiendo «arquitectura» solamente. Él no estaba seguro de que hubiera suficiente arquitectura sobresaliente como para hacer de ello una carrera. Esto me alentó a comprobar que sus temores eran infundados y ahora tengo cinco mil casas de importancia; actualmente hay docenas de especialistas en arquitectura en Los Ángeles.

Aunque soy propietario de la empresa, mi pasión sigue siendo la venta de bienes raíces en las trincheras de trabajo.

ACÉRQUESE AL NEGOCIO CON CANDOR Y TRATO FRANCO

MARC ELLMAN

Marc Ellman es presidente de *Ellman Realty Advisors*, cuyo enfoque es la representación de inquilinos y arrendamientos comerciales en Manhattan.

El negocio de los bienes raíces es complejo y requiere de mucha energía. Lo que contribuye al éxito varía según el papel que uno desempeña: inversionista o corredor.

Para los inversionistas, además del adagio conocido de ubicación, ubicación y ubicación, las ganancias dependen de actuar en el momento oportuno, tener bolsillos bien cargados y relaciones financieras sólidas. El mercado es inevitablemente cíclico. El inversionista que gana dinero es aquel que tiene la capacidad de viajar con las olas. Seguro que sería agradable poder identificar los puntos bajos y comprar en ese momento, tal como ocurre en el mercado de la Bolsa de Valores, pero cuando un inversionista compra a un precio que resulta estar en el límite superior de la escala, y tiene la capacidad de retener la inversión, puede observar mientras el mercado declina, toca fondo, empieza a incrementar y asciende más allá del límite anterior, de modo que la inversión resulta ser buena después de todo. El punto es que el juego puede ser uno de saber esperar.

En cuanto a los corredores, es mi opinión enfática que la industria de corredores de bienes raíces goza inmerecidamente de mala fama; los buenos corredores no sólo buscan ganar dinero, y aun si sólo eso buscaran, la mejor forma de ganar dinero es crear una atmósfera de confianza y confiabilidad. En las más de dos décadas que le he dedicado al negocio de arrendamiento de oficinas, he representado tanto a propietarios como inquilinos, y aunque he pasado más tiempo con estos últimos, ha habido casos en los cuales he representado a ambas partes simultáneamente ¿Cómo es posible eso? Desde un punto estrictamente legal, la respuesta es, por supuesto, plena transparencia, pero es mucho más que eso. El trato franco y con candor, aun si su cliente no quiere escuchar lo que tiene que decirle, tiene importancia suprema. Los nerviosos potenciales inquilinos desean saber cómo es posible que yo les represente si el propietario está pagando mis honorarios. La respuesta es que ambas partes saben cómo trabajo y para quién trabajo en todo momento.

Tener aptitudes básicas de ventas, por supuesto, es un fundamento importante para el éxito en el negocio de corredores de bienes raíces. Después de todo, una vez hechas las investigaciones, la comparación de las comodidades, la ubicación y los precios, el espacio de oficinas se vende por sí mismo. El buen corredor de bienes raíces hace precisamente lo mismo: se vende a sí mismo ¿cómo? «Metiéndose» en el negocio y algunas veces en las preferencias personales de los clientes: conozca cómo trabajan, cuáles son los puntos que los hacen reaccionar, niéguese a dar información o consejos si usted no es la persona más competente para darlos. Recientemente un cliente me llamó una y otra vez pidiéndome consejo sobre qué hacer para mejorar cierta propiedad. Cuando me negué a hacerlo, se enojó y me acusó de evadir el trabajo; mantuve mi posición y le insistí en que llamara a su arquitecto e ingeniero, expertos en remodelaciones. Con el paso del tiempo, llegó a comprender por qué lo hice.

En todos los tratos que manejo, mi consejo más importante es «nunca dejar la bola en la yarda dos». Desde el principio haga una investigación a fondo, presente información completa y desarrolle confianza absoluta. Luego, cuando se completa una transacción, no surgirán problemas que pudieran desviarla porque la parte a la que representó conoce plenamente los compromisos que posiblemente hubo que hacer para consumar el trato.

Cuando fundé mi firma, lo primero que hice fue poner mi nombre en la puerta. De ninguna manera iba a ocultarme detrás de una capa de varias entidades corporativas que son difíciles de identificar o vagas, ni de descripciones confusas de lo que soy capaz de hacer. Mis clientes saben esto, y creo que por eso es que son mi portafolio de negocios. Por ello es que gran parte de mis negocios provienen de referencias y de clientes que vuelven a buscarme.

NO SIGA A LAS MULTITUDES

BLANCHE EVANS

Blanche Evans es editora de *Realty Times*, el servicio noticioso de bienes raíces independiente más grande de Internet y es autora de *Bubbles, Booms, and Busts* (Burbujas, prosperidad y bancarrota). La revista *Realtor* la nombró entre las veinticinco personas más influyentes en bienes raíces.

Como ocurre con todas las inversiones, los bienes raíces se reducen a riesgo versus recompensa. Si desea ganar dinero con la vivienda, es necesario colar los datos actuales para identificar las oportunidades, ir en contra de la sabiduría convencional y hacer lo que otros no están dispuestos a hacer: llegar primero.

¿Cómo se hace eso? Hay que patinar hacia donde uno piensa que el disco de goma va. El legendario jugador de hockey Wayne Gretzky no lo sabía, pero cuando reveló su estrategia para el éxito, también estaba dando un excelente consejo de bienes raíces.

Supongamos que usted quiere crear riqueza como propietario de viviendas, pero no sabe exactamente cómo hacerlo, entonces empiece por aprender las condiciones del mercado.

El 70% de los estadounidenses es propietario de sus casas, pero en 2005 casi el 36% de las viviendas se vendió a inversionistas y propietarios de una segunda casa. La mayoría de estas compras se hizo con hipotecas de alto riesgo y baja entrada, con interés ajustable; en otras palabras, muchas personas compraron viviendas más grandes y más caras que lo que hubieran comprado si sus préstamos hubieran sido de interés fijo. Esto significa que los propietarios de un tercio de las casas que se vendieron en 2005 no las ocuparán, y que hay una buena absorción en los mercados de niveles más elevados, lo cual deja atrás a fincas un tanto más viejas, en un mercado un tanto deprimido.

Ahora piense en esto: mientras los compradores empezaron a meterse en lujosas residencias con sus préstamos de bajo costo, hubo un número récord de conversiones de apartamentos a condominios, lo cual agotó el inventario de propiedades de alquiler valiosas para obreros. Los condominios, en general, se apreciaron más rápidamente que las residencias unifamiliares en 2005. Las casas antiguas sin mejoras se devaluaron en algunas zonas, mientras que en otras, se demolieron moradas económicas para obreros, se remodelaron, o de alguna forma se modificaron para convertirlas en viviendas de lujo, rascacielos, micromansiones o edificaciones caras de otro tipo.

Mientras tanto, las tasas de interés han empezado a aumentar, los préstamos se están haciendo más estrechos, el gobierno está enfriando el mercado de las casas por medio de regulaciones federales o legislativas y la fiesta de lujo está terminándose temporalmente.

Hay demasiado dinero que persigue las fincas de lujo, mientras que una necesidad seria de residencias para obreros queda insatisfecha y eso significa que hay una oportunidad. ¿Es más inteligente comprar más casas de lujo en este punto (con una tasa de interés ajustable) o aprovechar las tasas de interés bajas para préstamos de tasa fija y comprar las más económicas, multifamiliares o unifamiliares?

Probablemente se podrían presentar argumentos para ambas partes, pero pregúntese: ¿dónde va a estar el disco de hockey, o la oportunidad?

Para ganar dinero en este negocio, hay que llegar primero. Pero hay que llegar adonde viene el siguiente auge, no donde ya está. Si se arriesga a estar en lo cierto, y lo está, las recompensas serán mayores que si hubiera seguido a la multitud.

La alternativa es pagarle a otro por arriesgarse en su lugar, pero eso resulta aún más peligroso. Usted no desea comprar en el límite superior del mercado porque podrían pasar años antes de que el mercado llegue a un nuevo tope para obtener ganancias. Aunque pareciera contrario a su intuición, hay que estar dispuesto a hacer lo que otros no quieren hacer, y esto es colocarse en una posición allí solo, donde cree que surgirá la siguiente gran oportunidad.

Así que aprenda todo lo que pueda sobre la administración de propiedades e invierta en viviendas un tanto más antiguas para obreros, cerca de centros vitales de la ciudad y de acceso al transporte público. No se dedique a la reconstrucción, sino haga que las propiedades sean limpias, seguras, agradables y llamativas para vivir en ellas con el fin de atraer a buenos inquilinos. Retenga las propiedades hasta que generen ganancias suficientes para comprar más; esas propiedades estarán disponibles algún día, y algunas de ellas a un precio descontado, así que esté listo para comprar cuando otros estén desesperados por deshacerse de ellas porque compraron más de lo que podían pagar.

Realmente puede tener satisfacción de este tipo de inversiones en bienes raíces. La creación de residencias económicas es un buen servicio a la comunidad y no está de más que uno puede ganar dinero al hacerlo.

OTORGUE IMPORTANCIA A LA CALIDAD Y A LAS MARCAS

MICHAEL FASCITELLI

Michael Fascitelli es presidente de *Vornado Realty Trust*, empresa de inversiones en bienes raíces plenamente integrada, una de las dueñas y administradoras de bienes raíces más grandes de los Estados Unidos.

Siempre prefiera la calidad. Compre productos de calidad, edifique una marca de calidad y contrate a personal de calidad. Cuando estábamos considerando el edificio de GM en la 5ª Avenida, frente a la esquina sudeste del Parque Central de Nueva York, Donald Trump comentó: «Creo que deberían comprarlo». Decidimos no hacerlo, y él lo compró porque dijo que era un edificio único y de alta calidad. Si compra calidad, la cual es muy escasa, el asunto terminará mejor.

El siguiente paso de importancia es edificar una marca y un producto que pueda demandar un precio más alto. La marca y el nombre Trump, por ejemplo, pueden exigir en el mundo de los condominios precios de un par de cientos de dólares mayor por pie cuadrado. Él edificó ese nombre enfocándose en hacer bien las cosas en Nueva York, y luego amplió el alcance de su marca a Chicago, Florida y otros mercados.

Siempre que pueda, contrate el mejor personal; emplee a individuos con personalidades agradables, atractivas, porque forman parte de su imagen y, en última instancia, son parte de su marca.

OBTENGA EL MÁXIMO PROVECHO DE INTERNET

DEBBIE FERRARI

Debbie Ferrari es una de las mejores agentes de bienes raíces de Orange County, California, y en 2006 fue elegida presidente del *National Council of Exchangors*. Su sitio web de 1.000 páginas es el espacio de bienes raíces en Internet que ha ganado mayor cantidad de galardones en los Estados Unidos.

El mejor consejo de bienes raíces que he recibido lo obtuve en 1996, cuando vimos nuestra primera página web y mi esposo Bill me dijo: «Internet será el futuro de los bienes raíces; tienes que hacerte parte de ella. —Y luego añadió—: Pensándolo bien, siempre debes dominar a los demás agentes de bienes raíces de tu área de comercialización en Internet».

Seguí su consejo, y hoy, cuando el 80% de los consumidores utiliza Internet para buscar casas y agentes, mi sitio web aparece primero, por delante de los demás agentes de Orange County, California (cuya población es de 3 millones). Hay tres razones por las cuales eso ocurre: 1) www.debbieferrari.com fue uno de los primeros sitios web de bienes raíces. Lo iniciamos en 1996, cuando nos dimos cuenta de que Internet se convertiría en una magnífica herramienta de comercialización para bienes raíces. 2) Con sus casi 1.000 páginas de contenido, mi sitio es uno de los más completos de esta industria y contiene información que los consumidores desean y necesitan cuando están considerando la compra, venta, renta o intercambio de bienes raíces. 3) Los buscadores como Google prefieren los sitios que se actualizan. Nosotros añadimos contenido casi todos los días; con frecuencia, varias páginas a la vez.

Cuando alguien busca *Orange County Real Estate* (bienes raíces Orange County), *Orange County Realtor* (agente bienes raíces Orange County), Orange County Property Exchange (intercambio propiedades Orange County) y otros términos similares en buscadores como *Google, AOL* y otros, www.debbieferrari.com aparece primero en los resultados.

Seguir el consejo de Bill en cuanto a dominar el mercado en mi región me ha valido muchos millones de dólares, y también me hizo famosa a nivel nacional por ser el sitio de bienes raíces que obtuvo más galardones en los Estados Unidos.

ESTABLEZCA METAS ALTAS Y CONFÍE EN SUS INSTINTOS

Robert L. Freedman

Robert L. Freedman es presidente y director ejecutivo de *GVA Williams Real Estate Company*, una organización de corredores, consultores y estrategos de bienes raíces comerciales de servicio completo con sede en la ciudad de Nueva York. Desarrolló *GVA Worldwide*, una sociedad global que sirve a ciento veinte ciudades capitales comerciales en los cinco continentes.

Cuando era un joven corredor de bienes raíces comerciales, a principios de la década del setenta, generé muchos negocios poniendo en práctica una técnica denominada «llamadas frías de sondeo», que consiste en telefonear a prospectos sin contacto previo o hacer visitas sin avisar con antelación. Trabajaba con inquilinos considerados entre pequeños y medianos cerca del centro de Manhattan, y alcancé un alto nivel profesional al llevar a estos inquilinos a través de los detalles de la preparación de un trato. Identifiqué los espacios potencialmente adecuados, negocié términos y condiciones mutuamente aceptables tanto para el arrendador como para el arrendatario con una excepción significativa: la seguridad. La mayoría de mis prospectos tenía tenencias económicamente marginales, y asegurar el contrato de arrendamiento resultó ser el factor crítico para el éxito de la transacción. Los propietarios se resistían a establecer contratos con este tipo de inquilinos, y éstos carecían de la categoría económica para ofrecer una seguridad significativa, no podían persuadir a sus bancos para que emitieran cartas de crédito en una base rentable. Muchas transacciones nunca concluyeron debido a ese dilema.

Establezca metas altas. Durante mi evaluación de fin de año, el gerente de Ventas me dijo que estaba complacido con mi ética de trabajo, creatividad, el producto de mis labores y mi espíritu empresarial, pero que estas cualidades todavía no se reflejaban en mi desempeño. Al escudriñar mi apariencia y mi manera de conducirme, me dijo bruscamente: «Tu madre no te compró corbatas de $50 para que trabajaras con inquilinos... [expresión soez suprimida] que nadie conoce».

Ese comentario halló eco en mí. Me estaba diciendo que me pusiera metas más altas, que buscara a inquilinos tipo *Fortune 500* y transacciones mayores porque él estimaba que yo era capaz de competir a ese nivel. Eso cambió mi dinámica comercial y me impulsó hacia arriba.

Confíe en sus instintos. Otra lección importante que aprendí fue la de confiar en mis instintos. Un ejemplo clásico de este principio involucra a una institución financiera grande y a un edificio que recuperó conforme a la escritura, en lugar de liquidar la hipoteca.

La institución valuó la propiedad en $6 millones y la asignó al área de desarrollo de bienes raíces. El edificio de oficinas de veinticuatro pisos, cuya construcción databa de 1911, sumaba unos 230.000 pies cuadrados; se situaba en el epicentro visual del "Proyecto de desarrollo de la calle 42", cuyo contratista designado era una agencia semigubernamental denominada New 42. No obstante, el edificio se encontraba fuera de la esfera del sector público. Debo aclarar que en aquel entonces, la calle 42, entre las avenidas 7ª y 8ª, era un ejemplo contundente de la ruina y decadencia urbana.

El cliente para el cual manejábamos esta propiedad recibió una oferta no solicitada por $18 millones; él solicitó nuestro consejo, manifestando que prefería vender la propiedad para sacarla de los libros de su empresa.

Investigamos tanto la propiedad como el desarrollo proyectado respecto de New 42. En aquel tiempo, el mercado de arrendamiento de oficinas estaba en aumento y se estaba formando una masa crítica en la calle 42. Nuestros dos vecinos, el *New Amsterdam Theatre* y el *Forest City Ratner Project*, habían entrado en pláticas con *Disney y Madame Tussaud's*, respectivamente. El inmueble, aunque no era reconocido como edificio histórico por el municipio, estaba inscrito en el *National Register of Historic Places* (Registro Nacional de Sitios Históricos) y calificaba para recibir descuentos en los impuestos por su carácter histórico.

Consulté con la gerencia de nuestros clientes si nos permitía participar en el proyecto como representantes principales, y no tan sólo como corredores de bienes raíces. Ellos no aceptaron, argumentaron un conflicto de intereses, pero prestaron atención cuando explicamos los posibles escenarios de desarrollo que rendirían ganancias astronómicas sobre las inversiones que se hicieran.

Emprendimos el proyecto, visualizando un edificio con negocios de ventas y entretenimiento en la planta baja y oficinas de lujo en los pisos superiores. Los inquilinos serían empresas del área del entretenimiento, lo cual resultaba compatible con esta zona de entretenimiento urbano orgánica y reinventada. Nosotros y nuestro cliente logramos apreciar que el proyecto tenía que ver tanto con el valor comercial de la marca para los inquilinos potenciales, como con la estructura de costos de la transacción de bienes raíces.

Luego de identificar a inquilinos potenciales, nos comunicamos con presidentes y miembros de juntas directivas, en lugar del departamento de bienes raíces de la empresa. Concentramos nuestro presupuesto de anuncios comerciales (más de $100.000) en un solo medio de comunicación: la revista *Variety*, conocida como la Biblia de la industria del entretenimiento, en la cual colocamos un anuncio de dos páginas con elementos tridimensionales caprichosos y caricaturescos al estilo de *Red Groom* que representaban la calle 42.

Una propiedad que se había valuado en $6 millones se vendió en aproximadamente $165 millones, con un desembolso de capital de tan sólo $28 millones (tomando en cuenta el crédito en impuestos federales).

Lo que aprendí de esto fue muy sencillo: confíe en sus instintos, aun si ellos no reciben inicialmente la aprobación del cliente.

DÉLE LA BIENVENIDA A LOS CAMBIOS

DOUG FRYE

Doug Frye es presidente y director ejecutivo de
Colliers Macaulay Nicolls.

Nuestra industria siempre ha evolucionado lentamente, dándole ventajas significativas a aquellos que adoptan los cambios primero ¡Mire más allá de los adagios siguientes para acelerar su éxito!

1. El negocio de los bienes raíces es de relaciones interpersonales. No es cierto; es un negocio de identidad. La gente no hace negocios con gente que conoce; hace negocios con gente que posee una identidad que puede ayudarlos a obtener sus metas y objetivos personales. Caerle bien a las personas es una ventaja adicional, pero cuanto mucho sólo sirve para romper un empate.

2. Piense en ubicación, ubicación y ubicación. Es bueno tener la mejor ubicación, pero en el mundo de hoy, la clave es la especialización, especialización y especialización. Ya sea que esté comprando, vendiendo o proporcionando servicios, existe una buena probabilidad de que su competencia esté el 100% enfocada en un tipo de producto, mercado o línea de negocios específico. Si se dedica a las ventas de propiedades en general, siempre quedará en segundo lugar, después del especialista todas las veces.

3. El acceso a la información ha nivelado el campo de juego. En realidad el exceso de información sencillamente ha desplazado el énfasis a la velocidad y calidad de ejecución. Las personas con experiencia que identifiquen y extraigan rápidamente los datos importantes serán las que encabecen el juego.

TRATE A LA GENTE CON RESPETO

D. KENT GALE

D. Kent Gale es presidente de la junta de *The Daniel Gale Agency*,
la agencia de corredores de bienes raíces independiente y sin
franquicias más grande de Long Island. *Daniel Gale Agency* la
estableció Daniel Gale, padre de Kent Gale y abuelo de Stan Gale,
de *The Gale Company*, en 1922

Cuando empecé a trabajar para la empresa de mi padre, *The Daniel Gale Agency*, en 1937, los tratos se cerraban con un apretón de manos. Las cosas han cambiado mucho desde aquel entonces, pero la integridad y el enfocarse en las personas todavía son importantes.

Mi padre, Daniel Gale, estaba lleno de ideas, y debo decir que mi hijo Stan, fundador de *The Gale Company*, heredó esa característica. Aunque teníamos un negocio de cigarros en la familia, mi padre ideó la venta de pólizas de seguros a los que viajaban en tren hacia Manhattan; le fue tan bien con eso que decidió incursionar en los bienes raíces y estableció su propia empresa en 1922. Puso la mira en una propiedad que le encantaba, un terreno hermoso y con colinas en Huntington, Long Island, cerca de donde vivíamos. La zona era mayormente rural en ese entonces, pero él pudo imaginar que la gente desearía vivir allí y buscó un socio. Terminaron ganando mucho dinero, aquellos lotes de terreno se vendieron como pan caliente. Tuvo la visión y la confianza de llevarla a cabo.

Mi padre también sentía mucho respeto por las personas y las trataba bien. Aprendí una lección clave un día cuando trabajaba con mi padre en la oficina y llegó un hombre que vestía pantalones a media pierna, según recuerdo, y cuya apariencia era poco impresionante, pero mi padre pasó dos horas hablando con él. Pude escuchar parte de la conversación, la cual en realidad nada tuvo que ver con bienes raíces; cuando aquel hombre se fue, le pregunté a mi padre por qué había pasado tanto tiempo con este tipo.

Mi padre se rió y me recordó que no juzgara a las personas por la apariencia, sino que escuchara a todos sin prejuicios. La gente te sorprenderá, me dijo. Posteriormente me enteré que esa persona en realidad era uno de los individuos más influyentes de Long Island. De hecho, ¡era dueño de un castillo!

Cuando ingresé al servicio militar, en 1941, seguí ese consejo, el cual me ayudó durante mis cinco años de servicio. De hecho, dos empresas exitosas surgieron de ese precepto: *The Daniel Gale Agency*, cuya dirección tomé en 1964, y la firma de mi hijo Stan, *The Gale Company*.

Todo empieza con personas: las que trabajan para usted y las que trabajan con usted, sus clientes. Trátelas bien, trátelas con respeto.

DÉSE A CONOCER POR SU INTEGRIDAD

Stanley C. Gale

Stanley C. Gale es presidente y director ejecutivo de *The Gale Company,* una de las firmas privadas de bienes raíces comerciales más grande del mundo, cuya cartera excede los sesenta millones de pies cuadrados. *The Gale Company* ha invertido más de $3.000 millones a nombre de sus socios inversionistas desde el inicio de la empresa, en 1958. Es hijo de D. Kent Gale.

Aprendí de mi padre y de mi abuelo que en los bienes raíces su palabra es su compromiso. Ningún contrato vale más que un apretón de manos. Mi abuelo fundó nuestra empresa de bienes raíces residenciales, *The Daniel Gale Agency,* en 1922, y con la tutela de mi padre se convirtió en una empresa de corredores que manejaba más de $1.000 millones. Sigue siendo independiente y de mucha confianza entre los compradores y vendedores más exigentes de la Costa de Oro de Long Island. La longevidad y el éxito son testamento de la importancia del honor en este negocio.

La integridad es característica diferenciadora.

Ame la propiedad. No creo en muchos de los supuestos axiomas que abundan en bienes raíces, especialmente en las propiedades comerciales. Uno de estos axiomas es que «uno nunca debe enamorarse» de una propiedad, al menos no sin antes hacer los cálculos, o que todas las propiedades pueden reducirse a «ladrillos y palos»; esto es un disparate.

Yo tengo que enamorarme de una propiedad y no me avergüenza decir que creo en el amor a primera vista. Si no experimento ese choque inconfundible, ese reconocimiento instantáneo, si no me enamoro de una propiedad, entonces no hay trato. No puedo exagerar que el camino de los Gale es amar una propiedad, sentirse orgulloso de ella y querer hacer una diferencia con ella. Una propiedad es mucho más que ladrillos y palos.

Visualice el resultado. También tengo que poder visualizar el resultado desde el primer segundo que veo una propiedad: quién será mi socio, cuál será el marco de tiempo, quién la arrendará. Y si no puedo bosquejar toda la transacción en algo sencillo como una servilleta, nunca funcionará. Esto ha llevado a algunos a cuestionar por qué pago lo que consideran un precio excesivo por propiedades de alta calidad, pero ellos están atorados en el «ahora» mientras yo ya he visualizado lo que esa propiedad llegará a ser, el valor verdadero de la propiedad al final. Como le aconsejó su padre a Wayne Gretzky: «Anda donde el disco va, no donde ya ha estado».

Reúnase cara a cara. También aprendí de mi familia que nada puede sustituir una reunión cara a cara. Viajé a Corea del Sur cuarenta y cinco veces mientras cimentaba una sociedad que convirtió a The Gale Company en desarrolladora principal de New Songdo City, el proyecto de $25.000 millones que es el proyecto privado de desarrollo de bienes raíces más grande del mundo. Eso equivale a más de 1.300 horas en aviones y mucho *kimchi*, pero las relaciones personales cercanas hicieron que todo valiera la pena.

Comparta los riesgos. Otro axioma que he descubierto que es falso insiste en que «no haga negocios con amigos». Yo digo: sólo haga negocios con amigos. Algunos de mis socios son mis mejores amigos, y algunos de mis mejores amigos son mis socios. No lo haría de ningún otro modo. Cuando uno hace negocios con amigos, debe seguir el principio que practicaba mi padre: «Permite a tus socios financieros que compartan el lado positivo y que mitiguen el negativo. Hay que compartir los riesgos de modo justo».

COMERCIE CON SUS INVERSIONES EN BIENES RAÍCES

JIM GILLESPIE

Jim Gillespie es presidente y director ejecutivo de *Coldwell Banker Real Estate Corporation.*

El mejor consejo de bienes raíces que he recibido provino de mi primer corredor, Bob Dixon, de la *Dixon Gallery of Homes,* ubicada en La Grange, Illinois. Él me dijo: «Uno nunca vende los bienes raíces de inversiones, sólo los canjea».

Mientras estudiaba en la Universidad de Illinois, me di cuenta de que quería desarrollarme en una profesión que ayudara a los demás. Mis primeros trabajos fueron como maestro de escuela y luego como director de la Asociación Cristiana de Jóvenes en La Grange, Illinois; uno de mis compañeros de tenis trabajaba en bienes raíces y me convenció de que tanto mi personalidad como mi ética de trabajo eran perfectas para este negocio, además de que esta actividad me permitiría ayudar a la gente. Y tenía razón.

Tenía treinta años cuando Bob me dio su consejo y pronto aprendí que invertir en inmuebles había sido una movida sabia. Sin contar con mucho dinero, tomé la decisión de comprar una casa por año para alquilarla; el ingreso que me proporcionaban esas rentas me sirvió como dividendo, por así decirlo, pero aun a temprana edad me enfoqué en la apreciación de la casa. Comprendí las ventajas fiscales que obtenía por ser propietario de casas, las implicaciones de la depreciación y la oportunidad de usarlas como respaldo para solicitar préstamos.

Nunca he tenido problemas para encontrar inquilinos, conservo mis precios de renta razonables y mantengo mis propiedades en excelentes condiciones. No considero los ingresos que proporcionan las rentas como algo tan importante para mi estrategia de inversiones a largo plazo. Para mí, las ventajas de impuestos a largo plazo y la apreciación de las propiedades hacen de los bienes raíces la mejor de las inversiones.

Gracias a lo que Bob me dijo, nunca he vendido una casa sin comprar otra; he aumentado la calidad y ubicación de mis casas. He aprovechado la ley *Starker 1031 Tax-Free Exchange* (intercambio sin pago de impuestos Starker 1031), la cual permite canjear propiedades de inversión similares con pocas o ninguna consecuencia en cuanto a impuestos se refiere (siempre consulte con su asesor de impuestos). Mis rentas suplirán la gran mayoría de los fondos de mi jubilación.

Me siento bendecido porque mi compañero de tenis me animó a que entrara a bienes raíces, he conocido a muchas personas fascinantes y he hecho amigos maravillosos durante esta trayectoria. Lo mejor de todo es que conocí a mi esposa a través de este negocio. He pasado treinta de mis treinta y un años de participación en esta industria trabajando con la organización de *Coldwell Banker*. Sé que mi opinión es parcial, pero creo que ésta es la mejor organización de bienes raíces del mundo.

PRESTE ATENCIÓN A LOS DETALLES

Lewis M. Goodkin

Lewis M. Goodkin, director ejecutivo de *Goodkin Consulting Corporation*, es uno de los consultores principales de este país en cuanto a bienes raíces se refiere. Frecuentemente dicta conferencias sobre los aspectos económicos de los terrenos urbanos, inversiones en bienes raíces, desarrollo y comercialización. Es autor de *When Real Estate and Home Building Become Big Business* (Cuando los bienes raíces y la construcción de casas se convierten en negocios grandes) y de más de mil artículos para esta carrera, asociaciones comerciales, periódicos y revistas.

He descubierto que la gran mayoría de quienes participan de la emocionante industria denominada bienes raíces, con frecuencia pasan por alto los consejos más básicos. Los clientes que prestan atención minuciosa a los detalles, habitualmente toman mejores decisiones y logran proyectos superiores. Usted puede ganar más dinero del que alguna vez necesitará, pero nunca debe abandonar la búsqueda de conocimiento en el mundo eternamente cambiante de los bienes raíces. He aquí tres maneras importantes de asegurarse que está prestando atención a los detalles correctos:

1. Vendemos y alquilamos a personas, no a estadísticas, y cuanto mejor conozca a la gente que compone su mercado, mayor éxito tendrá en satisfacer sus deseos, necesidades y capacidades.

2. En bienes raíces frecuentemente observamos que los aficionados fracasan porque no se percatan de los detalles tenues del mercado, mientras que los expertos fracasan porque no se percatan de lo obvio.

3. Los proyectos más exitosos resultan cuando quienes los desarrollan prestan atención a los cientos de pequeños detalles que sus competidores pasan por alto, pero que son objeto de apreciación significativa por parte de su mercado deseado.

ADMINISTRE LOS PAGOS DE SUS IMPUESTOS

GARY GORMAN

Gary Gorman es fundador y socio administrativo de *1031 Exchange Experts, LLC,* una empresa especialista en impuestos de bienes raíces, y autor de *Exchanging UP!*

Cuando venda bienes raíces, pague impuestos sólo *si así* lo desea, *cuando* lo desee y *en la cantidad* que desee. Aprendí esta valiosa lección hace más de veinte años, cuando trabajaba como administrador de impuestos en la oficina de *Price Waterhouse & Co.* (cuyo nombre es ahora *PricewaterhouseCooper*) en San Francisco. En aquel tiempo tuve a un cliente que compraba y vendía propiedades, que postergaba el cobro de impuestos sobre sus ganancias por medio de efectuar canjes tipo 1031. El Código del *IRS* (Servicio de Impuestos Sobre la Renta de los Estados Unidos de América), en la sección 1031 permite a los contribuyentes incorporar las ganancias de la venta de una propiedad de inversión anterior a una propiedad de inversión nueva, por lo tanto no tienen que pagar impuestos sobre ganancias en capital en el momento de la venta. Ésta es una de las tremendas ventajas que ofrece ser propietario de inmuebles sobre las acciones en la Bolsa de Valores, porque no existe sección comparable en el código que ampare acciones ni bonos.

No me imaginé que mi trabajo con este cliente sería el inicio de una gran carrera que me llevaría a acumular una significativa fortuna en bienes raíces. Después de 1991, cuando el IRS cambió las reglas de los canjes tipo 1031 y empezó a exigir a intermediarios calificados en cada canje, me sentí atraído nuevamente al foro de los 1031. Aprovechando mis conocimientos de bienes raíces y mis habilidades como contador público, pronto abandoné mi práctica como contador y me establecí como un intermediario calificado. Este negocio de intermediarios ha manejado más de cuarenta mil transacciones de este tipo desde esa fecha.

La experiencia me ha enseñado que no importa el tamaño ni la complejidad de la transacción, cada canje deberá tener seis componentes básicos para que pueda postergar con éxito el cobro de los impuestos:

1. *Retenga las propiedades como inversión.* Tanto la propiedad vieja que está vendiendo como la nueva deberán ser propiedades de inversión, cualquier tipo de propiedad califica, siempre y cuando sea una propiedad de inversión. Usted puede vender un dúplex violeta y comprarse un edificio de oficinas, un complejo de apartamentos, una bodega o aun un lote baldío. Las propiedades que se tienen brevemente, tales como las que se reparan para revender, no califican para este canje. En general, es necesario ser propietario tanto de la propiedad vieja como de la nueva por no menos de un año y un día.

Todo lo que pueda clasificarse como «bienes raíces» califica para el canje. Puede usar derechos de agua, de madera o de minerales, tales como intereses en petróleo y gas, como parte del canje. Las casas de verano y segundas casas se han convertido en propiedades populares para aprovechar el canje 1031 en los últimos años.

2. *Limite sus propiedades a tres o menos.* A partir del día en que se cierra la venta de su propiedad vieja, tiene cuarenta y cinco días para proporcionarle a su intermediario una lista de propiedades que le gustaría adquirir. Típicamente su lista contendrá tres propiedades o menos y los cuarenta y cinco días son días calendario; no se le otorga-

rán extensiones por el hecho de que la fecha de vencimiento coincida con un fin de semana o día festivo.

No existen limitaciones sobre las propiedades si su lista contiene tres de ellas o menos. Por ejemplo, puede vender aquel dúplex violeta por $100.000 y tener en su lista tres propiedades de $10 millones cada una (para un total de $30 millones), y esto estaría bien. Pero si su lista tiene más de tres propiedades, el total del valor de las mismas en la lista no puede ser mayor que el doble del precio de venta de su propiedad antigua. Si cambiamos nuestro ejemplo y ahora nuestra lista contiene cuatro propiedades de $75.000 cada una (para un total de $300.000), todo el canje se arruina. Esto significa que todo el canje falla (aunque usted sólo haya comprado una de las propiedades) porque su lista contenía más de tres propiedades y excedía el doble del precio de venta de su dúplex violeta. La regla general es mantener las cosas sencillas y limitar su lista a tres propiedades o menos.

Sus identificaciones deberán estar suficientemente claras, de modo que si el IRS decide someterlo a una revisión, los agentes podrán ir directamente a cada propiedad para corroborar la lista. Indique en su lista «123 calle Central, Denver, Colorado», por ejemplo, en lugar de decir «una casa con tres recámaras y dos baños en la calle Central, Denver, Colorado». En el caso de un terreno que carezca de dirección postal, utilice la descripción legal del mismo.

Su lista deberá estar en manos del intermediario antes de la medianoche del cuadragésimo quinto día. Puede enviarla por correo, fax, o entregarla en mano, pero el intermediario deberá tenerla en su poder para esa fecha. Después de la medianoche del cuadragésimo quinto día no se le permite modificar la lista y usted se expone a penas graves, incluso tiempo en prisión, si el IRS descubre que la ha alterado.

3. Cierre la compra de la propiedad nueva en menos de ciento ochenta días. A partir del día en que cierra la venta de su propiedad antigua, tiene ciento ochenta días para cerrar la compra de su nueva adquisición. Esta propiedad deberá estar en su lista de los cuarenta y cinco días. Podría comprar una o las tres propiedades de la lista. Al igual que el requisito de los cuarenta y cinco días, los ciento ochenta días son corridos (incluyen fines de semanas y festivos) y no se conceden extensiones.

La compra de la propiedad significa que es necesario que obtenga el título de la propiedad y que éste se encuentre a su nombre antes del día ciento ochenta. Es necesario cerrar la compra una semana antes si el día ciento ochenta cae sábado, domingo o día festivo. Siempre nos ponemos nerviosos cuando nuestros clientes dejan que el cierre llegue hasta el último minuto posible.

4. Escoja a un intermediario calificado. No se le permite que toque el dinero entre la venta de la propiedad antigua y la compra de la propiedad nueva. La ley exige que utilice a una tercera parte independiente, denominada «intermediario calificado», para que retenga este dinero en su nombre. Tenga cuidado al escoger a su intermediario calificado porque la ley no lo protege contra un intermediario de mala reputación. Un caso legal reciente determinó que si su dinero no se encuentra en una cuenta aparte sólo para usted, ese dinero queda disponible para cualquier acreedor del intermediario. ¡Asegúrese de que su intermediario deposite el dinero en una cuenta separada sólo para usted!

Tal vez se piense que debido al papel tan importante que desempeña el intermediario en todo este proceso, existan leyes federales o estatales para protegerlo a usted o a su dinero contra intermediarios inescrupulosos. Pero no las hay, nadie lo protege.

5. Reconozca que los nombres del propietario que aparecen en el título de la propiedad antigua y el título de la nueva deben ser iguales. Por ejemplo, si Francisco y Susana Juárez vendieron su dúplex violeta, entonces Francisco y Susana deberán aparecer en el título de la propiedad nueva. No pueden poner el título a nombre de Inversiones Juárez SA, porque el gobierno estima a esta sociedad como un contribuyente diferente.

Las corporaciones, sociedades, empresas de responsabilidad limitada y consorcios también pueden ejecutar canjes según la sección 1031. No obstante, estas entidades complican los canjes; por ejemplo, si el título de propiedad está a nombre de una sociedad y los socios deciden separarse después de la venta, la estructura del canje requerirá supervisión cercana por parte del intermediario, por lo cual deberá asegurarse de trabajar con un intermediario calificado.

6. Compre una propiedad de valor igual o mayor. Para evitar pagar impuestos de todo en el momento del canje, es necesario que compre una propiedad cuyo valor sea igual o mayor y reinvertir todo el efectivo. Por ejemplo, si Francisco y Susana venden su dúplex violeta por $100.000, deberán comprar una propiedad nueva que valga cuanto menos $100.000 para evitar el pago de impuestos. Si sólo pagan $90.000 por la propiedad nueva, tendrán que pagar impuestos sobre los $10.000 de diferencia (sí, los $10.000 están sujetos a impuestos). Si venden aquel dúplex violeta y usan parte del dinero para saldar su hipoteca y gastos de cierre, por un total de $40.000, lo que significa que el intermediario recibe $60.000, entonces será necesario que inviertan los $60.000 completos. Si compran una propiedad nueva por $150.000 y la pagan por medio de obtener una hipoteca nueva por $100.000, pero sólo usan $50.000 de los $60.000 que el intermediario está reteniendo, tendrán que pagar impuestos sobre los $10.000 que no gastaron (observe que no dije que para calificar para un canje tipo 1031 era necesario que obtuvieran un préstamo sobre la propiedad nueva cuyo monto sea igual al saldo que se pagó en la propiedad antigua. Esto no es un requisito, aunque muchos asesores de impuestos y canjes parecieran pensar que sí lo es).

No existe límite en el número de canjes que se hagan y puede continuar incorporando las ganancias de una propiedad a la otra hasta que decida tomar una porción de los ingresos en el momento de la venta. En ese momento, usted será responsable de pagar impuestos; de esta forma controla la cantidad de efectivo de la transacción que está sujeta a impuestos. El refinanciamiento de la propiedad nueva es una forma popular de obtener dinero en efectivo sin quedar expuesto a impuestos.

SIEMPRE NEGOCIE ENTRE
ALTERNATIVAS COMPETITIVAS

GEORGE E. GRACE

George E. Grace es fundador de *G. E. Grace & Company, Inc.*, y miembro del *Real Estate Board of New York* (Consejo de Bienes Raíces de Nueva York). Fue consultor de la compañía que inició la representación de inquilinos en la ciudad de Nueva York.

G. *E. Grace & Company, Inc.* representa a inquilinos corporativos que alquilan espacios comerciales. Un señor mayor, con quien me entrené, me dio un consejo que ha demostrado ser valioso una y otra vez; como ocurre con muchas palabras sencillas, pero sabias, me tomó cinco minutos aprenderlas pero toda una vida dominarlas.

El consejo: siempre negocie entre varias alternativas válidas.

Si tiene a más de un arrendador compitiendo por su renta, usted puede favorecer el resultado económico del trato.

Los vendedores, en general, así como los arrendadores y sus agentes en particular, se encuentran en un mercado de competencia. No les gusta perder a un inquilino ante un rival ni tener sus edificios vacíos; no quieren perder el trato. Cuanto más logre que los arrendadores compitan entre sí, más desearán triunfar, y entonces usted y su cliente obtienen los mejores resultados.

Esta recomendación les ha ahorrado millones de dólares a nuestros clientes al conseguirles rentas más bajas, concesiones mayores y términos de alquiler más favorables. Este consejo es la base de casi todas las negociaciones que emprendemos.

Existen muchos corolarios de este consejo. Los inquilinos frecuentemente limitan sus opciones; no se los permita, busque alternativas adicionales. Si no tiene ninguna otra opción factible, no se exceda en las negociaciones. Cuando tenga un buen trato, deje de negociar y tómelo.

TENGA CONFIANZA EN EL MERCADO

HARVEY E. GREEN

Harvey E. Green es presidente y director ejecutivo de *Marcus & Millichap Real Estate Investment Brokerage Company*, una de las firmas de corredores de inversiones en bienes raíces más grandes de los Estados Unidos.

Era joven y recién había salido del ejército cuando inicié mi carrera en bienes raíces casi por accidente, o por la falta de otras carreras que me inspiraran.

Entré en este negocio como un corredor esforzado, como resultado de la guía extraordinaria que recibí de mi cuñado, quien era como un padre para mí y a quien respetaba sus experiencias en los negocios y en la vida. Su buen consejo inicial de entrar a la industria como corredor quedó rápidamente bajo la sombra de lo que me dijo poco después... El mejor consejo que me dio fue el de participar en el mercado de bienes raíces como inversionista y creer en el mercado.

Él comprendió con claridad que a través del tiempo los bienes raíces han perdurado como uno de los vehículos más eficaces, por no decir el más eficaz, para crear fortuna y seguridad a largo plazo. A pesar de los ciclos y giros temporales de la economía, los valores de los inmuebles siempre han ido aumentando con el paso del tiempo y los porcentajes de ganancia de la industria han permanecido extremadamente competitivos, especialmente si se toma en cuenta los riesgos que incurren.

En cuanto a consejos específicos y lecciones que he aprendido, cubren cinco áreas relacionadas con las inversiones en bienes raíces:

1. *Conózcase a sí mismo como inversionista.* Comprenda por qué está invirtiendo en cada propiedad específica, cuáles son sus metas dentro de un período particular para cada inversión individual y cuál es su estrategia de salida antes de siquiera presentar una oferta.

2. *Arme el equipo correcto.* Aun si es un inversionista individual, necesita un equipo de expertos a su lado que estén más preparados y sean mejores que usted en sus respectivas áreas laborales. Conforme un equipo con: un corredor de bienes raíces competente, un corredor de hipotecas, un especialista en investigación, un hábil abogado de bienes raíces, un administrador de propiedades profesional, un contador experto en este sector y en impuestos.

3. *Lleve a cabo sus adquisiciones como lo hacen los profesionales.* Las ganancias reales se obtienen cuando se compran bienes raíces, no cuando se venden. Es necesario que tenga una estrategia específica de creación de valores para cada propiedad, ya sea que el valor se encuentre en administrar los inmuebles de modo óptimo, o que la renovación y ajuste de posición conduzcan a valores más altos. Investigue de modo sistemático, como si fuera la lista de verificación de un piloto antes de despegar, porque comprar por impulso equivale a aventurarse a la suerte.

4. *Reconozca que las barreras para la entrada son más importantes que la ubicación en sí.* La ubicación sin duda ayuda a impulsar el valor de la propiedad, pero más que eso, una zona con restricciones de acceso en la cual las personas desean estar ayuda a obtener mejores ganancias mientras posea la propiedad y aumentan el valor a largo plazo. Las limitaciones de acceso pueden ser geográficas, políticas o

de ambos tipos y funcionan como una separación natural contra la competencia futura.

5. Piense a largo plazo, pero actúe sobre oportunidades a corto plazo. Los bienes raíces perdonan con el paso del tiempo y pueden sepultar errores, pero esos errores pueden resultar muy dolorosos si usted se ve obligado a vender en un momento específico. Un inversionista que se ha extralimitado sin diversificar sus inversiones también sufre cuando sus ingresos disminuyen. Aprovechar el mercado durante sus alzas y declinaciones requiere paciencia a largo plazo; la perspectiva a largo plazo generalmente da buenos resultados. No obstante, los inversionistas astutos están muy atentos al hecho de que toda propiedad tiene su momento de venta; si se pasa un tiempo excesivo evaluando la reducción de ganancias sobre el valor y el costo de la oportunidad de capturar una o varias propiedades, se limitan las ventajas y se aumentan los riesgos en muchos casos. Como inversionista, siempre deberá buscar oportunidades para invertir, sin importar el ciclo de la economía.

SIEMPRE CUMPLA CON SUS TRATOS

JEFFREY GURAL

Jeffrey Gural es presidente de *Newmark & Company Real Estate, Inc.*, una de las firmas independientes de servicios de bienes raíces más grandes del mundo. También participa en el consejo de directores del *Real Estate Board of New York* (Consejo de Bienes Raíces de Nueva York).

Hace veinticinco años le di un apretón de manos a un anciano caballero llamado Sam Galewitz, para comprarle un grupo de edificios ubicados en la esquina de Broadway y Ashton Place por $9 millones; unos días después me enteré de que Sam había recibido una oferta por $10 millones de un amigo mío que no sabía que era yo el que estaba buscando esta compra. Pensé que seguramente perdería este trato, y de hecho Sam me llamó para comunicarme que había recibido una oferta de $1 millón más que la mía. Supuse que me ofrecería sus disculpas o que me daría la oportunidad de igualar la oferta. Pero para mi sorpresa, sencillamente me dijo que cumpliría con el trato que mediante el apretón de manos habíamos cerrado, siempre y cuando yo no le hiciera pasar el ridículo al revender de inmediato las propiedades para obtener ese millón de ganancia. Me explicó que su padre le había enseñado que uno nunca debe quebrantar su palabra, y que su apretón de manos era tan válido como un convenio escrito.

Siempre he recordado tanto a Sam como al consejo de su padre, y nunca, en más de veinticinco años, he desistido en un trato. Creo que esto me ha servido para bien porque los corredores siempre traerán inquilinos a nuestros edificios porque saben que se puede confiar en que cumpliremos con nuestra palabra una vez que se ha hecho un trato. Increíblemente, todavía somos propietarios del edificio que le compramos a Sam hace años, cuyo valor, hoy, probablemente supere los $100 millones.

EL INQUILINO DE HOY ES EL COMPRADOR DE MAÑANA

ANDREW HEIBERGER

Andrew Heiberger es presidente y director ejecutivo de *Buttonwood Real Estate LLC,* una empresa de bienes raíces con sede en Manhattan que se enfoca en el desarrollo, inversiones y asociaciones. También es el fundador, y previamente fue director ejecutivo, de *Citi Habitats, Inc.,* una de las agencias de corredores de bienes raíces más grandes y exitosas de la ciudad de Nueva York.

Mi padre y mi madre participaban activamente en el mercado de bienes raíces de Long Island, y esta industria me cautivó desde temprana edad; cuando llegué a Manhattan, a los veintidós años, tenía una abundancia de ideas ambiciosas flotando en mi cabeza. En ese entonces, sin embargo, no había muchas escuelas que sirvieran como portales hacia el mundo de los bienes raíces; de hecho, había muy pocas formas por las cuales un joven pudiera entrar en la industria. Se podía entrar como administrador de una propiedad, o si uno era afortunado, podía hacerle el café y los mandados a un desarrollador de proyectos. Un campo que estaba particularmente cerrado para los jóvenes profesionales era el negocio de corredores de bienes raíces residenciales. La mayoría pensaba que si su cabello no era cano y su nombre no era Gladys, usted no tenía parte alguna en el negocio de la venta de apartamentos en Manhattan.

Además, las propiedades de alquiler habían sido descuidadas por mucho tiempo por los corredores debido a las bajas comisiones que generaban. Este descuido resultaba totalmente incomprensible para mí, porque la mayoría de las personas que se trasladan a la ciudad de Nueva York decide alquilar, y todo el que lo ha hecho sabe que no es fácil. ¿Quién no desearía tener un rostro amigable que les mostrara una ciudad grande y desconocida? Decidí que sería ese rostro.

Después de tener cierto éxito inicial encontrando apartamentos, fundé *Citi Habitats, Inc.* Mi meta era crear una agencia de corredores de bienes raíces residenciales, que predominara en Manhattan, capturando el mercado de inquilinos jóvenes. Al desarrollar una relación con inquilinos que alquilaban por primera vez, sabía que me estaba preparando para tener clientes que volverían a buscar mis servicios. A mi manera de verlo, el alquiler de hoy de $1.500 podría ser la venta de $2 millones mañana.

La clave consistía en establecer vínculos con los clientes y mantenerlos; significaba tratar los bienes raíces como una verdadera industria de servicios. El primer paso era ser cortés y agradecido con los clientes, sin importar si decidían alquilar una de mis propiedades; esto podría sonar como algo obvio, pero los corredores habían desarrollado una reputación merecidamente negativa. La generosidad y una sonrisa lo llevan lejos a uno que trabaja en una industria de servicio.

El segundo paso era difundir buena voluntad más allá de mi lista de clientes: los inquilinos. Los propietarios, porteros y recepcionistas debían ser parte de mi equipo. Si bien cada uno de ellos requería un tipo diferente de atención, todos eran igual de importantes. Instituí un sistema metódico para mantener contacto con ellos. Cuando estas relaciones me dieron noticia adelantada de una propiedad desocupada, sabía que yo iba a representar dicha propiedad.

Luego me propuse asegurarme de que ningún cliente se me escapara. Aun después de cerrado el trato, no abandonaba los esfuerzos. Parte de esta estrategia involucraba la creación de negocios independientes dentro de nuestra organización que mantuvieran contacto con nuestra base de clientes, con quienes permanecíamos útiles y relevantes mucho después de que hubieran firmado el contrato de arrendamiento, con nuestros servicios de conserjes y de reubicación. Para los propietarios y desarrolladores de proyectos, los informes periódicos de las condiciones del mercado y servicios de mercadeo in situ nos convirtieron en un recurso valioso. Mi meta era continuar siendo importante para todos mis clientes. También sabía que el cliente de hoy me referiría a nuevos clientes mañana. Este modelo de trabajo nunca se había llevado a cabo debidamente antes y determiné que lo pondría a funcionar. La disposición de tomar riesgos y de intentar cosas nuevas es esencial para todo empresario de bienes raíces.

La clave para hacer que este modelo de trabajo funcionara era tener una organización proactiva y eficaz con una base de datos detallada y con miles de nombres. Clientes anteriores, amigos de clientes y los que decidieron no ser nuestros clientes recibían noticias nuestras periódicamente. No había razón alguna por la cual un cliente no quisiera volver a nosotros o darnos una referencia valiosa. *Citi Habitats* creció hasta abrir veinte oficinas en Manhattan, con más de mil empleados, y se convirtió en líder de la industria en Internet. Aunque algunas de las técnicas de comercialización de mi empresa eran de vanguardia y poco convencionales, eran vitales para distinguir a *Citi Habitats* de la competencia. Como resultado de ello, *Citi Habitats* se convirtió en la agencia predominante de corredores de bienes raíces residenciales de Manhattan, la meta que me había propuesto para ella.

LAS OPORTUNIDADES SIEMPRE EXISTEN

DOROTHY HERMAN

Dorothy Herman es presidente y directora ejecutiva de *Prudential Douglas Elliman*, la firma de bienes raíces más grande y de crecimiento más rápido de la ciudad de Nueva York.

Empecé mi carrera a principios de la década del ochenta. En mi primer día de trabajo me reuní con mi jefe para recibir orientación; después de decirme lo que él esperaba en cuanto a mi desempeño laboral, me dio un consejo que nunca olvidaré:

—Éste es un trabajo —dijo—, y los trabajos te ayudan a ganarte la vida; si quieres acumular riquezas y lograr la libertad financiera, no puedes limitarte a vender bienes raíces; necesitas invertir en ellos personalmente. La mayoría de los millonarios que han hecho fortuna por sí solos en este país lo hicieron con bienes raíces. Debes empezar ahora.

—Las tasas de interés andan por el 18%; éste no es buen momento —le respondí.

—Nunca es mal momento —dijo convencido— para comprar bienes raíces. Cuando las cosas van bien, la gente se queja por los tratos que desaprovecharon. Cuando las cosas van mal, dicen que no pueden comprar ahora porque los precios bajarán, y por lo tanto, no sería una buena inversión.

La lección que aprendí es que uno puede hacer fortuna en cualquier mercado de bienes raíces, sea bueno o malo. La única constante es el cambio. Cuando el mercado cambia, trae consigo oportunidades nuevas y diferentes; uno sólo tiene que estar buscándolas. Nunca es mal momento para comprar si uno ha escogido la estrategia correcta.

Veinticinco años después, le doy a la gente ese mismo consejo. Todavía sigue siendo verdadero.

DEJE A AMBAS PARTES SATISFECHAS

Thomas J. Hutchison III

Thomas J. Hutchison es director ejecutivo de *CNL Hotels & Resorts*, Inc., uno de los consorcios de inversión en bienes raíces más grandes del país en la industria del alojamiento.

El mejor trato es aquel en el cual usted se aleja con la sensación de que ambas partes lograron lo que deseaban. Todos los participantes principales en un trato deberán ser ganadores; todas las partes deberán sentir sinceramente que prevalecieron. Éste es el arte y lo divertido de los tratos; es el Rembrandt que origina años de transacciones de negocios continuas y relaciones interpersonales duraderas que se basan en respeto mutuo, confianza e integridad.

¿Por qué es esto tan crítico para las transacciones de bienes raíces? ¿Cómo es posible anticipar las demandas de la otra parte?

Al final de la jornada me gusta sentirme bien acerca de la transacción que hemos llevado a cabo. Si el comprador busca robar, el vendedor pierde. Si pide demasiado, podría perder por no llegar nunca a vender. Hay que lograr un equilibrio consistente para tener éxito en este negocio: dar un paso atrás, reducir la velocidad, captar el cuadro completo, lo que necesite para encender su propia disciplina de pensamiento crítico. Para mí, esto equivale a:

- Cuestionar la situación intensamente.
- Analizar y concentrar las alternativas.
- Formular juicios y objetivos razonables.
- Reflexionar en la estrategia de persuasión, evaluando las necesidades de ambas partes en la transacción.
- Rodearse de las personas más brillantes en la industria.

Y cuando la ocasión lo requiera, no dudo en excusarme de la mesa de negociación, tomar una taza de café o dar una caminata para reflexionar y pensar adicionalmente. Las decisiones son la vida de los bienes raíces y queremos asegurarnos de que evoquen los pensamientos críticos que dan recompensas para sus negocios y su futuro.

Le será necesario entrenarse para ser un buen oidor, evaluar su primer reacción, desafiar su fuerza intelectual y, sobre todo, confiar en su conciencia. Cuando escucho a mis ejecutivos o socios de negocios, atiendo cuidadosamente con tres elementos: mi cerebro, mi corazón y mis instintos. La parte difícil es comprender cuál de estos impulsos, o combinación de los mismos, es la que está propulsando mis decisiones. Para esto se requiere un discernimiento experto.

En los últimos años, algunas de las transacciones más significativas y rentables de mi empresa se iniciaron con una llamada telefónica y una cena entre amigos. Los bienes raíces más atractivos no siempre están a la venta en el mercado, como lo demuestran varias de las adquisiciones de mi empresa. De hecho, muchos propietarios sólo toman en cuenta ofertas de personas que saben que son justas y que cumplirán con lo que hayan prometido. Nuevamente, esto proviene de años y años de mantener relaciones interpersonales en las que todos ganan.

Cuando usted puede tener una cena casual en un hotel con su esposa y decirle: «Creo que algún día deberíamos comprar esta propiedad», y convertir ese dicho en realidad unos meses después, antes que la misma fuese puesta a la venta en el mercado, ésa es la fuerza que fundamenta una gran relación comercial.

¿Cómo hace uno para propiciar y fortalecer las relaciones interpersonales en la industria de bienes raíces? Desde su primer día en el trabajo, deberá suponer que todas y cada una de las personas con que se encuentre tienen el potencial de convertirse en una de las ventajas más grandes de su carrera. Este negocio se desarrolla orgánicamente, es cíclico, multigeneracional y no es posible tener a demasiadas personas de su lado. Establezca una red de trabajo con sus aliados y sus competidores principales; no debe haber distinción entre ellos. Conocer más de su competencia frecuentemente resulta en un ritmo más alto de éxito en la consecución de sus metas.

Las relaciones personales no siempre vienen con facilidad; obviamente, esto requiere esfuerzo de ambas partes. Una vez, cuando empezaba en mi carrera, le pedí a mi asistente que me consiguiera un boleto de avión en primera clase, junto al asiento del director ejecutivo de una firma de diseño de interiores al que deseaba conocer. El vuelo de tres horas fue el inicio de una relación de treinta años, e incidentalmente mi empresa obtuvo como resultado un contrato grande de su empresa. Después de casi treinta y cinco años en bienes raíces, recuerdo con gusto los tratos justos y honestos que hemos llevado a cabo y la fortuna que se produjo en ambos lados de la mesa. El denominador común claramente fue el poder intangible de las relaciones personales duraderas, y no el deseo feroz de ganar siempre.

PARTICIPE DEL NEGOCIO DE BIENES RAÍCES COMERCIALES

Thomas J. Hynes Jr.

Thomas Hynes es presidente de *9*, una firma de bienes raíces comerciales de servicio completo con sede en Boston.

El mejor consejo que he recibido sobre el negocio de los bienes raíces fue sencillo y directo: «Métete en el negocio de bienes raíces comerciales. Boston tiene un futuro magnífico y tú deberías formar parte de él». Mi tío, John B. Hynes, que en aquel entonces era alcalde de Boston, me dijo esas palabras muchas veces.

Nuestra familia ha participado activamente en la política de Boston desde que mi tío fue alcalde de la ciudad, desde 1949 hasta 1960. Me gradué en el Boston College en 1961 e ingresé al ejército de los Estados Unidos como subteniente. Cuando volví a casa de licencia, visité a mi tío para pedirle consejo en cuanto a mi carrera.

En su papel de alcalde, John B. Hynes trajo a la *Prudential Insurance Company* a la ciudad, y esa empresa construyó el primer complejo grande de oficinas en Boston después de la Gran Depresión. Él comentó que por sus esfuerzos le pagaban un salario anual de $20.000, mientras que observaba a Jack Fallon, un joven corredor de la R. M. Bradley, ganarse millones de dólares como agente de arrendamiento y administración de ese complejo.

Mi tío me comentó que a menos que uno se graduara entre los primeros lugares de la *Harvard Law School*, no podía ingresar en ninguna de las firmas de abogados principales de Boston, y muchos abogados jóvenes apenas estaban ganándose la vida. A menos que uno fuera rico, buscar carrera en la política aplicaba presiones financieras muy difíciles para formar una familia. Sin embargo, el mercado de bienes raíces tenía un gran potencial de crecimiento.

Terminé mi jornada de servicio en el ejército e ingresé a la escuela de leyes. Después de terminar mi primer año, regresé a mi trabajo de verano demoliendo edificios, puesto que no había internados disponibles en ninguna firma de abogados y debía pagar la colegiatura del año siguiente. Mientras trabajaba en la demolición, el cual era un trabajo extremadamente peligroso, empecé a pensar diariamente cómo podría iniciar mi carrera en política y lanzarme para algún cargo. Con el ingreso que representaba el salario de legislador podría financiar mi educación en leyes y mi carrera política estaría en marcha.

Tenía como una semana para tomar mi decisión de iniciar una campaña cuando uno de mis compañeros de trabajo, que se hallaba a unos tres metros de mí, murió en un accidente laboral. Al día siguiente vestí mi traje y me presenté en la oficina de mi tío para informarle que iba a lanzarme para el cargo de la «Gran y General Corte de Massachusetts». Opinó que yo perdería la elección porque estaría corriendo contra un titular del cargo que apenas estaba cumpliendo su primer término. «Recuerda lo que te dije acerca del negocio de los bienes raíces», me dijo mientras escribía un cheque por $100 para contribuir a mi campaña.

Forjamos una gran campaña y quedé segundo entre trece candidatos, pero perdí, y tenía que enfrentar las deudas de la campaña y la realidad de que no podría regresar a la escuela de leyes.

—¿Qué piensas del negocio de los bienes raíces ahora? —preguntó mi tío. —Creo que es una idea magnífica, ¿cómo empiezo? —pregunté.

Al primero que me dijo que llamara fue a Jack Fallon, quien había sido un ejemplo para él. Conocí a Jack y descubrí pronto que él era precisamente como lo había descrito mi tío: un tipo grande, bien parecido y gregario que había ganado millones de dólares en este negocio. El clásico gran corredor de la década del sesenta. Me propuse en mi corazón trabajar para él, pero nunca me llamó para ello.

Mi tío llamó entonces a otro amigo, Tom Horan, de *Meredith & Grew*, que había construido el complejo de *Travelers Insurance* en Boston; luego de reunirme con el Sr. Horan me convencí de que *Meredith & Grew* era el lugar para mí. Sin embargo, el socio del Sr. Horan me preguntó qué sabía yo en cuanto a los bienes raíces, aparte de demoler edificios, lo cual no era una bienvenida muy calurosa. Las semanas pasaron nuevamente sin que nadie me devolviera la llamada; continué buscando contactos y luego hice una última llamada desesperada a *Meredith & Grew*, y pude escabullirme por la puerta trasera y conseguir un trabajo. He estado en *Meredith & Grew* desde 1965 y siempre me he sentido agradecido por las oportunidades que me ofrecieron tanto la firma como el negocio.

De paso, mi experiencia política resultó ser un buen campo de entrenamiento porque tuve que tocar miles de puertas para pedirle el voto a muchas personas. ¿Qué tan difícil sería tocar a la puerta y preguntarles a las personas si deseaban ayuda con sus necesidades de bienes raíces? Otro elemento de la política es que uno conoce a personas que están pasando por todas las etapas de la vida, lo cual tiene muchos paralelos con el negocio de los bienes raíces.

Me siento eternamente agradecido por la guía y sabiduría de mi tío, el alcalde John B. Hynes, que me dirigió hacia el rumbo correcto y desempeñó un papel vital en mi carrera en bienes raíces. A lo largo del camino aprendí a reconocer el momento de cambiar de rumbo, el momento de perseverar y aprendí a no temer los riesgos.

Ciertamente mi tío me dio el mejor consejo que jamás he recibido.

NUNCA MUESTRE SUS EMOCIONES, SEA PACIENTE, TRABAJE DURO Y AUMENTE SU VOLUMEN

EREZ ITZHAKI

Erez Itzhaki es fundador y director ejecutivo de *Itzhaki Properties NY, Inc.*, una firma de corredores de bienes raíces de servicio completo. Previamente fue gerente de su propia firma de bienes raíces en Israel.

La primera regla en los bienes raíces es nunca, nunca, mostrar sus emociones. Evidentemente no hay futuro en expresar desilusión o enojo, pero creo que es igualmente peligroso mostrar entusiasmo. La inseguridad de cualquier tipo, se exprese o no, erosiona el éxito. Lo mismo es cierto si uno supone que en una transacción una parte es superior a la otra. Todos los tratos, sean grandes o pequeños, se basan en números, a mi modo de ver las cosas, y las transacciones son sencillamente articulaciones de esos números cuando todas las partes reciben igual trato.

Es fácil ver por qué las emociones no caben cuando uno trata desde una posición que es invariablemente honesta. Los atajos no son apropiados. La honestidad y la creatividad son cruciales porque cuando todo está dicho y hecho, el negocio de los bienes raíces se sostiene gracias a la red que uno crea y a la reputación que se gana.

Otra posición que he adoptado, y evidentemente no todos hacen esto, tiene que ver con actuar en el momento oportuno. No tengo interés particular en ser un pionero. Sí, hay personas y empresas a las que les ha ido muy bien porque observan lo que está sucediendo, adivinan dónde sucederá el próximo crecimiento y actúan sobre esa visión. Los individuos que compraron propiedades cerca del *World Trade Center* después del 9/11 son un ejemplo perfecto de lo que sucede cuando uno tiene el tipo correcto de intuición.

A mi modo de juzgar, no obstante, una mejor estrategia es seguir a un líder. Por ejemplo, en bienes raíces comerciales, me gusta esperar hasta que se establezcan comercios de venta al detalle. Ése es el precursor del «segundo ciclo», en el cual las ganancias pueden resultar particularmente jugosas y, por supuesto, actuar en el momento oportuno es tan importante como esperarlo. Yo trato de no ser ni el primero ni el último.

Si tengo un hijo que desee entrar en el negocio de los bienes raíces (mi esposa está esperando un bebé mientras escribo estas líneas), mi consejo sería muy sencillo: paciencia, paciencia y paciencia. Trabaje duro, siete días a la semana, y cree volumen porque puede anticipar que sólo una de cada diez oportunidades se hará realidad. Al final del día, no obstante, conténtese con esperar, esperar y esperar. Es por ello, opino, que las emociones son tan mortíferas y la honestidad tan importante.

SEPA CUANDO ANTICIPAR LAS OPORTUNIDADES

CHARLES JACOBUS

Charles Jacobus es autor, educador, ejecutivo de seguros de títulos de propiedad y abogado de bienes raíces certificado en Houston, Texas.

Cuando los aficionados empiezan a meterse en la zona de bienes raíces en la cual usted trabaja o invierte, ésta es la señal para salirse de allí.

Los inversionistas en bienes raíces obtienen ganancias significativas de la experiencia. Las malas experiencias ayudan a apreciar las buenas, y ese proceso no sucede de la noche a la mañana. Cuando invertir en inmuebles empieza a parecer fácil y rentable, todos piensan que son capaces de invertir sin prestar atención a los objetivos y estrategias tradicionales cuyo valor el tiempo ha demostrado. Los inversionistas aficionados, que buscan ganancias fáciles, con frecuencia ofrecen cantidades que exceden al mercado real porque «todo está subiendo», hacen muy poco análisis y carecen de estrategia de salida. Cuando un número de inversionistas aficionados compra a precios excesivamente altos, esto crea un mercado falso. Los aficionados usualmente carecen de flujo de efectivo, lo cual los prepara para una caída o el «estrellón» que se observa en el mercado cíclico de los bienes raíces. Cuando ocurre el estrellón, los idealistas venden en un mercado malo, incurriendo en pérdidas. Los inversionistas experimentados entonces se presentan y compran barato, el proyecto genera flujo de dinero a ese precio más bajo de venta. Cuando los aficionados incursionan en el mercado, es hora de esperar la oportunidad que usted ya sabe que se avecina.

TRABAJE PARA OBTENER UN BUEN TRATO

Ozzie Jurock

Ozzie Jurock escribe, enseña y compra y vende bienes raíces. Es columnista de *Vancouver Sun* y de *Business Vancouver* y autor de *Forget About Location, Location, Location* (Olvídese de la ubicación, ubicación, ubicación). La revista Vancouver lo clasificó entre las cuarenta y cinco personas más brillantes de Vancouver, Columbia Británica, Canadá.

El mejor consejo de bienes raíces que he recibido provino de mi primer gerente de sucursal en 1968: «Al individuo no le importa si el mercado es bueno o malo, sólo le importa si el trato que tiene es bueno o malo».

La gente siempre desea saber si el mercado es bueno o malo. Durante treinta y cinco años he oído hablar de burbujas, mercados calientes, mercados de vendedores, mercados de compradores. ¿Sabe qué? No importa cuál sea el estado del mercado, ser propietario de una casa promedio le rinde más que cualquier otra inversión.

Conózcase a sí mismo

Para tener éxito en este negocio es necesario descubrir los tratos buenos, tener agallas suficientes para actuar y conocerse a sí mismo ¿Es usted un tiburón, un trocador o un inversionista?

¿Qué es lo que desea?

- ¿Lograr un trato rápido con ganancia rápida?
- ¿Crear una cartera a largo plazo?
- ¿Crear ingresos pasivos a largo plazo?

El tiburón merodea las tumbas. Se beneficia de la miseria de los demás. El tiburón siempre puede encontrar a alguien, en las épocas buenas y en las malas, que necesita vender rápidamente y barato a causa de una enfermedad, muerte, divorcio, cambio de trabajo, revés comercial, pérdida de empleo, bancarrota, o porque alguien fue demasiado codicioso, muy perezoso o muy tonto. Las malas épocas sólo sirven para espesar la sopa, pero los vendedores siempre existen. Si quiere tratar con intervenciones bancarias, subastas y tratos difíciles, le toca asistir al juicio. Evalúe. Aprenda cómo comprar de modo barato y sabio.

El trocador trabaja en el otro lado de la escala. Para éste, las buenas épocas con un mercado en alza y una inflación en aumento rápido le ofrecen la mayor cantidad de oportunidades. Pero aún en un mercado estable y sin inflación, puede encontrar tratos; sólo tiene que trabajar un poco más y esperar un poco más por ellos.

Cuando los mercados son inflacionarios, existe la tendencia a subirse al tren a cualquier precio por seguir la «teoría del tonto más grande», es decir, por allí vendrá un tonto más grande que comprará su propiedad y le dará ganancias. Esto funciona siempre y cuando usted no sea el último tonto en la fila.

Sí, se puede ser un tiburón y un trocador al mismo tiempo. Ambos necesitan tener la capacidad de reconocer las señas, interpretarlas correctamente y luego actuar sin dudas. Pero recuerde que el tiburón y el trocador no tratan con los promedios, ¡tratan con las excepciones!

Si desea ser uno de ellos le será necesario preguntarse a sí mismo en dónde traza la línea entre su moral y los negocios porque el tiburón prospera de la miseria de los demás y el trocador se aprovecha de la ignorancia de otros para privarlos de ganancias potenciales. Todos tendrán que decidir en cuanto a la moral de la situación por sí mismos.

El inversionista se preocupa principalmente por encontrar una propiedad con pago inicial bajo y que genere flujo de efectivo por medio de seguir reglas personales (por ejemplo, la regla del 1%; los pagos mensuales del 1% del precio de venta servirán para pagar la propiedad financiada y generar flujo de dinero). El inversionista busca inquilinos que ofrezcan seguridad y calidad para crear un torrente de ingresos pasivos en un futuro. Por ejemplo, podría comprar cinco condominios, digamos a $80.000 cada uno, con un ingreso mensual de $800 y sin pago inicial. Luego de haberlos tenido durante dieciocho años, el inversionista tendrá un ingreso de $4.000 mensuales para siempre ($4.000 paga un préstamo de un millón).

El tiburón y el trocador compran en cualquier parte. Entran y salen del trato entre los tres y seis meses. El inversionista debe comprar en donde la relación de ingresos por renta concuerde con el precio que paga; busca un buen entorno laboral tal como un suburbio o pueblo pequeño. Los inversionistas generalmente obtienen, a largo plazo, mejores resultados que los tiburones y trocadores.

¿Las malas noticias? Ya sea que decida ser un tiburón, trocador o inversionista, ¡le es necesario trabajar! Ningún genio, ningún agente de bienes raíces, ningún mercado le localizará el mejor trato. Usted tiene que hacerlo por sí mismo; el mercado no hace diferencia. Su compromiso de aprender y crecer lo es todo.

Conozca su mercado local

Otros puntos que vale la pena recordar son éstos:

- Los mercados de bienes raíces, a diferencia de la Bolsa de Valores, tienen una naturaleza local. El precio del oro en Hong Kong de anoche, afecta al precio del oro en Nueva York hoy. Los cambios del mercado de bienes raíces en Hong Kong carecen de significado en San Francisco. Comprenda su mercado local.

- No se trata de ubicación, ubicación y ubicación. Los bienes raíces son locales y cíclicos. Usted pudo haber comprado una propiedad con la mejor de las ubicaciones en Nueva York, San Diego y mil otros lugares a final de la década del ochenta y aun así perderlo todo. Podría haber comprado cualquier cosa en cualquier lugar y ganado una fortuna en los últimos cuatro años en esas mismas ubicaciones. La ubicación para el individuo promedio no es tan importante como lo es saber por cuánto tiempo han corrido los ciclos y en qué etapa se encuentra el ciclo local.

- Usted gana la mayor cantidad de dinero el día que compra. No importa la condición del mercado, usted siempre ganará la mayor cantidad de dinero debido a su diligencia en la investigación, su evaluación astuta y sus agallas para actuar.

Cuando ya todo está dicho y hecho, la calidad de su vida la determina no cuánto comprende y conoce, sino las acciones que toma.

TOME RIESGOS CON CUIDADO Y DISFRUTE DE LO QUE HACE

45

BRUCE KARATZ

Bruce Karatz es presidente y director ejecutivo de *KB Home*, una de las empresas constructoras de residencias más grandes de los Estados Unidos y Francia, recientemente nombrada como la empresa constructora de residencias #1 de la lista de «Empresas más admiradas» de la revista *Fortune*.

Cuando era un joven ejecutivo y se me pidió que viajara a París a encargarme de las operaciones de *KB Home* en Francia, el administrador de la oficina local, que sabía que yo no hablaba ni una sola palabra de francés, naturalmente supuso que querría tener un asistente que hablara inglés y que pudiera servirme como traductor.

Era una oferta tentadora y ciertamente habría sido la alternativa fácil y cómoda. Pero en los negocios, y en los bienes raíces, frecuentemente es más importante tomar alternativas que nos incomodan en cierto grado. Así que con cierta ansiedad, decliné al traductor. Y aunque resultó ser increíblemente frustrante algunas veces, al final llegué a ser un mejor líder debido a ello. Si permanece en su zona de comodidad, nunca se colocará en posición de tomar decisiones arriesgadas, las cuales, finalmente, definen quién es y qué tan lejos llegará.

UN MODELO DE NEGOCIOS

Existe una forma correcta y una incorrecta de tomar riesgos en negocios. El negocio de los bienes raíces es un juego riesgoso por naturaleza, y no existe necesidad de convertirlo en un juego de azar puro. La forma correcta es tener un marco de trabajo básico establecido y un modelo de negocios que guíe el proceso de toma de decisiones. Un buen modelo de negocios es en realidad un motor de crecimiento. Desarrollamos nuestro modelo (el cual denominamos «KBnxt») durante el transcurso de varios años, y ha sido una guía notablemente duradera que nos ha ayudado a navegar por el mercado de las propiedades residenciales con éxito.

Nuestro modelo de negocios me dio la confianza de tomar una apuesta riesgosa en cuanto a la escala de nuestras operaciones. En la década del noventa, la sabiduría convencional afirmaba que ningún constructor podía construir más de veinte mil residencias en un solo año. Se pensaba que ello sería una tarea administrativa y logística demasiado grande, de manera tal que los procesos internos de una empresa constructora no podrían manejarla.

Desafié ese modo de pensar por medio de una expansión agresiva y descubrí que no sólo podríamos obtener los beneficios tradicionales de la escala grande, como mejor acceso y más económico a mano de obra y materiales, sino que también podríamos hacer cosas para nuestros clientes que no podrían realizarse de haber sido una empresa más pequeña. La principal de ellas era que podíamos ofrecerles a los compradores un número de alternativas sin precedentes, lo cual les daba una experiencia verdadera de casa personalizada. Actualmente, elevar al máximo las alternativas que se le ofrecen al cliente se considera algo evidente, pero no hace mucho ésa era una idea bastante radical en la industria de la construcción de casas.

A pesar de aquella «sabiduría convencional», *KB Home* ahora construye casi cuarenta mil casas por año, mientras ofrece más que antes alternativas personalizadas a los compradores.

Un plan de mercadeo

También hice apuestas riesgosas en cuanto a la comercialización. Pocas empresas constructoras habían intentado desarrollar una marca que pudiera reconocerse local y mucho menos nacionalmente, pero se me ocurrió que desarrollar una marca era tan importante para una empresa constructora de casas como lo es para cualquier otro producto de consumo. Así que nos propusimos lanzar promociones de alta visibilidad, entre las cuales incluimos la construcción de una casa de tamaño normal en el predio detrás de donde se realizaba el programa de televisión *Regis & Kelly*, en el corazón de Manhattan; la creación de una versión de la vida real de la casa de *The Simpsons* en Las Vegas; y más recientemente nos asociamos con Martha Stewart para construir casas y comunidades que se basan en su exclusiva perspectiva de diseño. *KB Home* ahora es la marca más reconocida de empresas constructoras de casas, y los compradores citan nuestro nombre casi cuatro veces más que los de nuestros cinco competidores siguientes juntos.

Un gran equipo

Tener un gran equipo de trabajo posibilita todo esto. Por eso es que no tomo riesgos cuando de la calidad de nuestros empleados se trata. Busco contratar a los mejores e invierto bastante al día para mantenerlos. Algo que los más de seis mil quinientos empleados de *KB Home* tenemos en común es la pasión por construir una gran empresa y cómo nos divierte nuestro trabajo todos los días. Después de todo, es divertido tomar riesgos. Es divertido crecer. Es divertido hacerse de renombre y distinguirse del montón.

Y cuando a uno le encanta lo que hace para ganarse la vida, nunca tiene que «trabajar».

CAPTURE LA IMAGINACIÓN DEL COMPRADOR

48

CRAIG KING

Craig King es presidente de *J. P. King Auction Company*, la empresa de subastas más exitosa de la nación que vende bienes raíces de lujo.

Este consejo provino de mi padre, J. P. King: «Vende sueños, no tierra».

La tierra es barata, pero los sueños no tienen precio. Si está vendiendo un terreno, enfóquese en lo que la propiedad puede llegar a ser: un negocio, una residencia, un centro comercial, un lugar de retiro... Capture la imaginación de un individuo y no sólo le pagará los mejores precios, sino que le dará las gracias por el privilegio de hacerlo.

PROTEJA A SUS CLIENTES DE SÍ MISMOS

47

MICHELE KLEIER

Michele Kleier es presidente de *Gumley Haft Kleier,* una de las diez firmas de corredores de propiedades residenciales más grandes de Manhattan.

Cuando era novata en este negocio, había estado trabajando con una cliente durante muchos meses; ella tenía una buena cantidad de artículos «obligatorios»: una lavadora y secadora, incluso una buena vista en un edificio con portero. Sin embargo, un requisito absolutamente inviolable era: «Quiero vivir más abajo de la calle 80». Bueno, después de haber pasado tiempo con ella, finalmente encontré el apartamento perfecto: cocina amplia con desayunador, lavadora y secadora, un piso elevado orientado hacia la Avenida Park con vistas impresionantes, una chimenea... Sólo había un problema. Estaba ubicado diez cuadras al norte del límite que ella se había fijado. Le rogué que lo fuera a ver, pero ella se negó a hacerlo, y yo la escuché.

Pero otro corredor no la escuchó. La citó en un apartamento en la esquina de Park con la calle 90, pero no le dijo hacia dónde la llevaría. Seis meses después, ella había firmado, sellado y le habían entregado una propiedad en el lugar que había jurado que nunca pisaría. Se podrá imaginar la mortificación que vivimos las dos, puesto que el apartamento que compró en la esquina de Park con la calle 90, se encontraba en el edificio en donde yo vivía.

Resulta que la compradora se sentía tan culpable que me refirió a todas las personas que conocía y llegamos a ser grandes amigas. Años después, cuando ella finalmente decidió mudarse a Hamptons, me dio la exclusiva de su apartamento, el cual vendí a un cliente por poco menos de $3 millones. ¡La compradora había pagado originalmente tan sólo $250.000 por él! Cuatro años después, el apartamento nuevamente produjo ganancias, en esta ocasión para mí. Acabo de venderlo por $6 millones.

Tal como los hombres que se casan con morenas después de años de salir sólo con rubias, y terminan paseándose por la Avenida Madison con el perrito blanco que habían jurado que nunca tendrían, los compradores mienten. La única diferencia es que no saben que lo hacen. La gente que exige únicamente estructuras que se construyeron antes de la guerra es la primera que firma contrato en una construcción nueva; la gente que piensa que sólo puede vivir en el barrio occidental termina mirando hacia el río East desde su sala nueva; y los que viven en condominios en Tribeca frecuentemente terminan trasladándose a la 5ª Avenida.

Si usted es un buen corredor de bienes raíces, con frecuencia podrá conocer los gustos de sus clientes mejor de lo que ellos mismos los conocen. Sólo tiene que utilizar su intuición y decir: «Confíe en mí».

ELIJA UN ÁREA DE ESPECIALIZACIÓN

ROBERT A. KNAKAL

Robert A. Knakal es presidente de la junta y socio fundador de *Massey Knakal Realty Services,* una firma de corredores de bienes raíces que se especializa en la venta de propiedades de inversión en la ciudad de Nueva York y en la zona metropolitana alrededor de ésta.

El mejor consejo de bienes raíces que he recibido fue elegir un área de especialización y mantenerme fiel a ella por medio de convertirme en el mejor en esa disciplina. Hacer esto le ha dado a mi firma cuatro beneficios claros:

1. Conocimiento superior del mercado
2. Una enorme ventaja sobre la competencia
3. La capacidad de distinguir nuestros servicios
4. Una base para convertirnos en la mejor firma de corredores de ventas de edificios en Nueva York

ESPECIALÍCESE

El modelo de operaciones de Massey Knakal es sumamente especializado; sólo vendemos propiedades, representamos a vendedores de modo exclusivo y trabajamos bajo un estricto sistema de territorios.

Hemos dividido los cinco municipios de la ciudad de Nueva York en ochenta y seis territorios, con un agente trabajando en cada vecindario. La ciudad de Nueva York es demasiado grande para que un solo agente sepa todo sobre todas las áreas; el enfocarnos en un vecindario nos permite obtener un nivel elevado de perspectiva del mercado. Si un cliente es dueño de tres propiedades en vecindarios diferentes, podemos proporcionarle información precisa y de alta calidad acerca del mercado en cuestión de minutos con sólo consultar a los agentes de cada territorio.

Enfocarnos en un vecindario o área ayuda a nuestros agentes a establecer un historial con mayor rapidez; si los agentes han estado activos en sus territorios durante sólo seis o nueve meses pero han vendido tres propiedades, su credibilidad en el mercado local es significativamente más alta que la de otro que podría haber estado trabajando durante dos años y haber vendido veinte edificios en veinte vecindarios diferentes.

Otra ventaja del sistema de territorios es que los agentes pueden hablar con pleno conocimiento acerca de un mercado en particular, así como de asuntos relevantes en dicho territorio. Los agentes conocen todas las propiedades que en los últimos años se han vendido: su condición, ocupación, tasa de capitalización y datos similares; también se percatan de las propuestas de cambios de zonificación y las construcciones nuevas que se han planificado. Muchos de nuestros agentes que han estado activos en este negocio por sólo uno o dos años regularmente los citan los periódicos principales y publicaciones comerciales cuando se redacta un artículo acerca de su vecindario.

Durante la etapa emergente del desarrollo de Massey Knakal, aprendimos que el negocio de corredores de bienes raíces realmente tiene poco que ver con los inmuebles y más con la información; específicamente la calidad y cantidad de ésta permiten establecer la diferencia entre nuestro servicio y los de otras firmas. La especialización permite que esta diferencia se establezca con rapidez. La calidad de nuestra información es significativamente más precisa y más detallada que la que generan nuestros competidores.

Gracias a un excelente conocimiento del mercado y a las ventajas competitivas que crea el conocimiento, Massey Knakal se ha convertido en la mejor firma de ventas de propiedades de inversión que se enfoca únicamente en ventas en la ciudad de Nueva York; en 2005, nuestra compañía vendió quinientos setenta y dos edificios en el mercado de esa ciudad. ¡Este número es cuatro veces mayor que el de nuestro competidor más cercano! Somos una firma relativamente pequeña en comparación con las gigantes de bienes raíces que operan a nivel nacional y regional, pero hemos podido capturar esta porción del mercado sencillamente como resultado de la especialización que hemos adoptado y del enfoque en obtener información perspicaz y útil para beneficio de nuestros clientes. Nuestra empresa ahora es la más grande en ventas de propiedades de inversión en Nueva York, pero ésa nunca fue nuestra intención. Nuestro propósito siempre fue ser los mejores, y al serlo, nos hemos convertido en los más grandes (ser los más grandes no necesariamente significa ser los mejores).

Basados en nuestra experiencia, especializarse es la parte más importante de nuestro modelo de éxito. Cuando las personas preguntan cómo pueden empezar a comprar edificios, o cuál sería una buena estrategia, siempre sugerimos que escojan un vecindario en el cual les gustaría tener propiedades y familiarizarse con dicho vecindario más que los demás. Esto se hace caminando por las calles, hablando con otros propietarios, asistiendo a reuniones del consejo de la comunidad, frecuentando ferias y conversando con otras personas involucradas en actividades relacionadas con bienes raíces en esa área.

NO HABLE DE MODO NEGATIVO ACERCA DE SUS COMPETIDORES

Otro consejo que ha sido fundamental para el éxito de Massey Knakal es nunca hablar de modo negativo acerca de la competencia. Creemos que hacerlo es señal de desesperación e inseguridad. Siempre nos enfocamos en nuestros puntos fuertes y diferenciamos nuestros servicios de los de otras firmas, sin transmitir mensajes negativos. Si tiene confianza verdadera, puede demostrar por qué usted, en lugar de un competidor, merece que se contraten sus servicios.

EL PRECIO DE COMPRA ES CRUCIAL

49

TOM KUNZ

Tom Kunz es presidente y director ejecutivo de la red *Century 21*.

Un amigo de mi padre, Mark Welker, me dijo una vez que en bienes raíces el dinero se gana en la compra, no en la venta.

Recuerdo con agrado que cuando vivía en Utah compré una casa que muchos considerarían como «un plomo». Los anteriores inquilinos de esa vivienda tipo rancho de cuatro habitaciones se habían esforzado por hacerla inhabitable: estaba descuidada, con ventanas rotas y urgía repararla; puesto que era la mitad del invierno, la nieve se había asentado como un visitante no bienvenido, pero no sólo en el césped, sino dentro de la casa también.

Sin embargo, vi potencial en la casa; tenía techos altos, habitaciones amplias y su estructura estaba en buenas condiciones. La obtuve a un precio excelente. Se vendió por $28.000 cuando su valor en mercado debería haber sido alrededor de $75.000; invertí todo mi tiempo libre en renovarla: ventanas, alfombras y pintura nuevas, lo cual me costó un total de $10.000 de mi propio bolsillo. Las palabras del amigo de mi padre resonaban en mí. Cuando compré la casa, pagué casi nada por ella; con trabajo duro y un poco de visión, al final recibí mucho más de lo que puse en esta inversión.

DEJE SUS EMOCIONES EN CASA

Leonard Lauder

Leonard Lauder es presidente de la junta directiva de *The Estée Lauder Companies, Inc.*, también es regente fundador de la *Universidad de Pensilvania* y presidente de la junta directiva del *Whitney Museum of American Art* de la ciudad de Nueva York.

En 1958 recibí el mejor consejo de bienes raíces de Lester Crown, descendiente de la renombrada familia Crown de Chicago. Lester me ayudó cuando estábamos finalizando el contrato de arrendamiento para nuestra empresa en el 666 de la 5ª Avenida. Me dijo: «Leonard, si alguna vez llegas a invertir en bienes raíces, prométeme que no dejarás que tus emociones se involucren con la propiedad» ¿Por qué?, se preguntará usted. Lester sabía que si las emociones se involucran, uno probablemente perderá dinero. Es un hombre muy sabio y siempre he seguido sus acertados consejos.

DESCUBRA UNA NECESIDAD Y SATISFÁGALA

STEPHEN LEOPOLD

Stephen Leopold es presidente de la junta de William B. May International, el nombre más antiguo que todavía opera en bienes raíces en Nueva York (www.wbmayre.com). También fundó en Montreal, en 1977, una de las empresas más grandes de Norteamérica que representa solamente a inquilinos: *Leopold Property Consultants*.

Recuerdo haber comido el cereal *Raisin Bran* a los cinco años de edad. Nunca tenía suficientes pasas, así que yo siempre le agregaba más. Décadas después, los genios de mercadeo de la *Kellogg's* se dieron cuenta de que necesitaban ponerle «dos cucharones llenos» de pasas al Raisin Bran. Yo, junto con millones de otros niños, había descubierto esto un cuarto de siglo antes ¡y ni siquiera estaba en primer grado!

Este mismo tipo de sentido común se aplica a la consultoría de bienes raíces y tiene mucho que ver con cómo llegué a ser presidente de la junta directiva de la *William B. May International, Inc.*, una firma de corredores de bienes raíces comerciales en Nueva York con un enfoque personalizado. Cuando me inicié en el negocio, tuve claro que cada parte del proceso de arrendamiento de un edificio de oficinas estaba preparado para darle la ventaja al arrendador. Los corredores de bienes raíces anunciaban el espacio del propietario del inmueble y le daban consejos, aunque éste ya fuera un experto en el tema. La parte que necesitaba consejo idóneo y servicios sofisticados era en realidad el inquilino. Y así, hace treinta años, fundé una empresa única en Norteamérica que representa solamente a inquilinos de espacios de oficinas.

En diez años nos convertimos en una fuerza dominante de la industria, con un personal profesional de más de cien empleados, que incluye ocho abogados de contratos de arrendamiento que trabajan a tiempo completo. Teníamos más operaciones que cualquier otra empresa, incluso más que *Trizec Hahn*, la que entonces era la empresa de bienes raíces cotizada en la Bolsa de Valores más grande de Norteamérica. En una revista se publicó un artículo que trataba sobre mi persona y había una cita de un vicepresidente de *Trizec*: «Decir que Leopold defendía los intereses de los inquilinos en las negociaciones con los arrendadores sería exageradamente modesto. Leopold trajo el equivalente intelectual a tanques, artillería y portaaviones al lado de los inquilinos en la mesa de negociaciones».

El poder que desarrollé con los inquilinos primero me trajo a Nueva York a representar a Celanese, ahora llamada *Hoechst Celanese*, la empresa para la cual se construyó el edificio ubicado en el 1211 de la Avenida de las Américas. Originalmente se llamó edificio *Celanese*, ahora se lo conoce como el *News Corporation Building* (es decir, relacionado con Rupert Murdoch).

ACTÚE CUANDO SE LE PRESENTE LA OPORTUNIDAD

Representé a Celanese en la transacción con *Murdoch*, y durante las negociaciones tuve la oportunidad de visitar una firma de abogados en el World Trade Center. Yo era un canadiense recién llegado a Nueva York en ese entonces, y supuse que todo complejo de oficinas de Norteamérica tenía una plaza de restaurantes, como ocurre en Montreal, Toronto, Calgary y Vancouver. Naturalmente suponía que si me encontraba en el complejo de oficinas más grande del mundo, estaba a punto de visitar la plaza de restaurantes más grande del mundo; se me hacía agua la boca con la idea de entrar a unas instalaciones que harían de las selecciones culinarias ofrecidas en Faneuil Hall parecer un equipo de béisbol aficionado en comparación con los Yankees de Nueva York. Así que toqué a un guardia de seguridad en el hombro y le pregunté: «¿Dónde está la plaza de restaurantes?» Me dijo que no había.

Supuse que era nuevo en su trabajo, pero para mi asombro, descubrí que me había respondido correctamente.

Aunque ya no tenía cinco años, usé mi teoría del cereal *Raisin Bran*. En lugar de contar con que otro añadiera las pasas, añadí mis propias pasas y arrendé aproximadamente dos acres de espacio dentro del *World Trade Center* para crear la plaza de restaurantes más grande del mundo. El financiamiento para el proyecto se obtuvo tan sólo seis meses antes del 11 de septiembre de 2001, suponiendo un costo total de poco menos de $20 millones. Poco después el proyecto fue valuado, tan sólo tomando en cuenta los negocios de comida, en casi $70 millones. Y las ventas de alcohol, cuando la plaza de restaurantes se convertía en tabernas y centros de entretenimiento nocturno o de fin de semana, sumaban otros $70 millones. Vendí mis intereses en el proyecto y me estaba preparando para jubilarme en Lake Tahoe, esperando los pagos sobre la base de las ventas iniciales de comida y bebida. La preparación del sitio ya se había iniciado. Entonces vino el 11 de septiembre.

EVITE LOS CONFLICTOS DE INTERÉS

Así que me encuentro de regreso en Nueva York, mirando una caja de *Raisin Bran*, la cual nuevamente carece de suficientes pasas. Y aun así la gente me pregunta: «¿Por qué nadie había hecho esto antes?»

Nuevamente esto responde a una necesidad grande de bienes raíces. Algo no anda bien cuando un inquilino ocupa un espacio en un edificio y lo aconseja un corredor que trabaja para la misma firma que tiene un contrato preexistente y continuo para actuar como agente de comercialización y administración de ese mismo edificio. Esto pone incentivos grandes en el contrato de mercadeo del corredor del edificio para hacer todo lo posible por obtener el *mejor trato posible* en cada una de las transacciones de arrendamiento a nombre del arrendador. Esto, señores, es más fácil de discernir que la falta de «dos cucharones llenos de pasas». ¿Se imagina usted una firma de abogados que represente tanto al acusador como al acusado en un mismo caso, ante un mismo tribunal, el mismo día? Sin embargo, en bienes raíces se considera cosa normal representar los mejores intereses del inquilino al «negociar» un trato con un arrendador al que el corredor representa todo el año.

Esto es absolutamente absurdo. No obstante, hasta hace poco el mercado de servicios de asesoría para arrendamiento de oficinas en Nueva York obviamente carecía de un servicio personalizado de alta calidad que pusiera fin a esta situación. No había el equivalente de *Harry Winston* o de *Rolls Royce* en el arrendamiento de oficinas, ni *Allen and Company* ni *Michael Steinhart*.

William B. May es el nombre más venerado en los anales de los bienes raíces comerciales de Nueva York, y la firma ha operado por más tiempo que ninguna empresa inmobiliaria de esta ciudad. Por más de ciento cuarenta años ha servido a muchos de los líderes prominentes de Nueva York; lo más importante de todo es que nos hemos deshecho de los conflictos de intereses al representar exclusivamente a inquilinos en las transacciones de arriendo de oficinas. Esto es importante para nuestros clientes. Tal como un fondo de cobertura que se administra y se enfoca bien siempre rinde más que un fondo mutuo cualquiera, la representación correcta de bienes raíces rápidamente afecta el margen de ganancias.

ELIJA UNA PARTE

El negocio inmobiliario es uno de los baluartes que permiten el desarrollo de un sentido genuino de empresa, así que ponga su grano de arena. Tengo un último consejo: usted deseará evitar algo que el fallecido gran senador Sam Ervin siempre mencionaba. Gene Boyce, quien fue uno de los tres entrevistadores en la famosa sesión en la cual se descubrieron las cintas de Watergate, me recordó esta historia recientemente: serví con él como investigador en 1973 en el Comité de Watergate de Sam Ervin; esto le sucedió a uno de los compañeros de escuela más sospechosos del senador Ervin. Temprano en su carrera, cuando él recién había egresado de la escuela de leyes, una mujer mayor que había tenido un problema legal acudió a la oficina del compañero de Sam en Carolina del Norte y le pidió consejo; el compañero de Sam le ofreció su consejo y ella se levantó, dispuesta a salir de la oficina. Pero él le dijo:

—Un momento, señora. Me debe cinco dólares.

—¿Por qué —preguntó ella.

—Por mi consejo —dijo él.

—Bueno, no pienso seguirlo —contestó la mujer.

Tome este consejo: si evita el pantano ético que proviene de tratar de representar ambos lados de la calle del arrendamiento (o ambos lados de cualquier calle en la gran república de los negocios), nunca se topará con el equivalente de aquella señora de la historia del senador Sam Ervin.

CONSIDERE DETENIDAMENTE EL POTENCIAL DE CRECIMIENTO

Pamela Liebman

Pamela Liebman es presidente y directora ejecutiva de *The Corcoran Group*, la firma de bienes raíces residenciales más grande de la ciudad de Nueva York. Participa en el comité ejecutivo y en el consejo de gobernadores del Consejo de Bienes Raíces de Nueva York.

Si está buscando una casa para vivir, compre con su corazón más que con su cerebro. Pero si busca una inversión, póngase a pensarlo.

La compra de una residencia es una decisión emocional. Todos desean sentir que están obteniendo un buen trato o que las propiedades apreciarán sus valores, pero lo cierto es que la mayoría de las personas compra una residencia porque es un reflejo único de su personalidad y sus valores; en pocas palabras, necesitan vivir en ella. Piense qué es lo que hace que una casa sea perfecta para usted; algunas veces los compradores cometen el error al enfocarse en la adquisición de una residencia como una inversión y pasan por alto factores de calidad de vida tales como la cercanía a escuelas, parques, familiares y al trabajo, todos éstos aspectos de la vida diaria que hacen que el hogar sea saludable, seguro y cómodo.

Por otro lado, si está buscando una inversión, necesita tener una idea clara de sus metas. Decida primero si es una jugada a corto o a largo plazo. Los especuladores pueden ganar dinero al adquirir condominios nuevos en la etapa de construcción, para luego venderlos a la primera oportunidad y obtener una ganancia rápida. Si esto es lo que está buscando, sólo asegúrese de tomar en cuenta todos los costos adicionales de entrar y salir rápidamente del negocio. Muchas veces hay costos ocultos que un participante inexperto podría no tomar en cuenta.

Si incursiona en el largo plazo, busque zonas cuyos precios no hayan llegado a su valor máximo, pero que tienen potencial de aumentar. En la ciudad de Nueva York, algunas personas ganaron cantidades enormes de dinero al comprar anticipadamente en vecindarios del centro cuando la actividad de la zona todavía era principalmente industrial; estas personas vieron el potencial que tenían, a largo plazo, de convertirse en comunidades vitales y vibrantes. Las comunidades artísticas y homosexuales típicamente son las primeras en reconocer la corriente y sobresalen en el aprovechamiento del potencial de vecindarios en desarrollo; el Meatpacking District, SoHo y Chelsea, en Nueva York, son buenos ejemplos de lugares en donde esto sucedió.

DESARROLLE UN INVENTARIO

Dave Liniger

Dave Liniger es cofundador y director de la junta directiva de *RE/MAX International,* («Lo máximo en bienes raíces»); además, es cofundador del centro de conservación *Wildlife Experience* en Denver.

Dicho en pocas palabras, la empresa que controla el inventario controla el mercado.

Esa afirmación puede ser cierta en muchas industrias, pero en el negocio de bienes raíces es un hecho absoluto, casi una regla. Recibí este consejo al inicio de mi carrera en esta industria, y nunca lo olvidé. Ahora, cuarenta años después, sigue siendo cierto; y se aplica en todas las áreas de bienes raíces: residencias, propiedades de lujo, espacios comerciales y de inversión.

En este contexto, la palabra control no significa «manipular» los valores, la palabra se refiere a cuál firma o empresa de bienes raíces será la más exitosa y tendrá la mayor cantidad de oportunidades de trabajo con compradores y vendedores, ya que el valor en el mercado siempre se determina por medio de convenios negociados entre compradores y vendedores; la tarea de un agente de bienes raíces es ayudar en esas negociaciones. Los compradores interesados y sus representantes ahora son conscientes de la propiedad gracias a una abundancia de medios de anuncio y herramientas de mercadeo que el agente vendedor utiliza.

Las empresas que comprenden esta regla de bienes raíces utilizan todas las herramientas imaginables para atraer a clientes, que incluyen letreros de venta en propiedades, anuncios impresos, instrumentos de comercialización, panfletos enviados por correo y, además, sitios en Internet. Los bienes raíces siguen siendo un negocio local porque las propiedades son locales y la empresa cuyo nombre sea reconocible y memorable casi siempre tendrá la primera oportunidad cuando un comprador o vendedor esté listo para hablar acerca de necesidades de bienes raíces.

Hemos sido afortunados en poder edificar una marca de franquicia reconocida internacionalmente, lo cual es una flecha más en la aljaba para las firmas locales de corredores y agentes para que tomen ese control tan importante del inventario y de sus mercados.

PIENSE POR ADELANTADO Y
CONFÍE EN USTED

TERRY J. LUNDGREN

Terry J. Lundgren es director de la junta directiva, presidente y
director ejecutivo de *Federated Department Stores, Inc.*

El mejor consejo de bienes raíces que he recibido provino de mi padre cuando yo tenía veintiséis años y estaba considerando la compra de una casa que estaba fuera del alcance de mis posibilidades. Mi padre me dijo que buscara en el vecindario, específicamente en la zona donde deseaba comprarla y que visitara las otras seis que estaban en venta. Luego me sugirió que las clasificara en orden, del uno al seis, y que enumerara las ventajas y desventajas de cada propiedad; mi primera elección fue la casa perfecta, mucho más atractiva que el resto de las casas que había visto, aunque también era significativamente más cara que el resto. Le dije a mi padre que no tenía sentido pensar en ella porque no podía pagarla. No obstante, papá se negó a hablar de las demás casas hasta que consideramos todas las formas posibles en las cuales ésta se podría financiar: existía la posibilidad de pedir dos hipotecas al banco y cuatro bonos de título con pagos a plazo del vendedor.

Mi padre me estaba animando a apostarle a mi futuro y a enfocarme no en mi capacidad actual de pago, sino en lo que podría pagar en los próximos cinco años.

Compré esa casa y pagué los cuatro bonos al vendedor en forma anticipada, con lo cual negocié un precio reducido del convenido originalmente, a cambio del pago anticipado. Años después, cuando vendí la casa, obtuve las mejores ganancias sobre mi inversión que he experimentado. Ésta no es una estrategia para todos, pero era la idea correcta para mí en aquel momento de mi vida.

NUNCA SEA CODICIOSO

John J. Mack

John J. Mack es presidente de la junta y director ejecutivo de *Morgan Stanley.*

La mayor parte de lo que sé sobre bienes raíces lo aprendí de mi madre. Ella era una inversionista por naturaleza. Nunca tuvo mucho dinero, pero tenía un instinto excelente; de hecho, si hubiera tenido más dinero, podría haberse convertido en la versión femenina de Donald Trump.

Realicé mi primera inversión en bienes raíces cuando cursaba la Universidad. Mi madre y yo conseguimos un préstamo y compramos lotes residenciales frente a un lago en Carolina del Norte, donde vivíamos. Resultó ser una inversión excelente, pues obtuvimos ganancias del 40%.

A través de los años, he seguido la guía de mamá en los bienes raíces, y probablemente la lección más valiosa que aprendí en mi trayecto fue no ser codicioso. Si usted ha trabajado para hacer un buen trato y lo logra, entonces tome sus ganancias y siga adelante; si empieza a ser codicioso, eventualmente comenzará a frustrarse. En bienes raíces, al igual que en cualquier negocio, su reputación es su posesión más valiosa. Para tener éxito a largo plazo hay que llevar a cabo los negocios en una forma que le gane una reputación de calidad, integridad y honestidad; es un buen consejo para los bienes raíces y para la vida.

ESCÚCHESE A SÍ MISMO

56

Harry Macklowe

Harry Macklowe es fundador, presidente y director ejecutivo de *Macklowe Properties, Inc.*, una firma inversionista que se enfoca en oficinas comerciales y apartamentos de primera en Manhattan y es propietaria del edificio *General Motors*.

El mejor consejo de bienes raíces que he recibido es escucharme a mí mismo.

Los consejos de bienes raíces generalmente son autogenerados y tienen mucho que ver con enfocar su visión y reafirmar sus objetivos. El negocio inmobiliario es un juego de ajedrez de proporciones extraordinarias. Las palabras de ánimo se recibirían muy bien, pero rara vez se las busca. Obtener apoyo para sus convicciones es un desafío que vale la pena. Un inversionista o constructor prospera cuando trabaja en su propia visión y tiene la capacidad de lograr sus metas. A lo largo del camino, la valentía y convicción son los pendones invariables. Escúchese a sí mismo.

SIGA SUS INSTINTOS

BERNIE MARCUS

Bernie Marcus es cofundador de *Home Depot* y director de la junta de *Marcus Foundation*.

Primero estudie detenidamente las conclusiones de los expertos. Luego examine los estudios de factibilidad económicos y demográficos.

Después, siga sus instintos. A través de los años, muchas de las mejores decisiones que he tomado las hice basándome en mi sentido común, buen criterio y una sensación en mis entrañas que me decía que sencillamente era la dirección correcta.

NUNCA SUBESTIME A SUS CLIENTES

ELÍAS MASRI

Elías Masri es fundador, director de la junta y director ejecutivo de *Falcon Properties, Inc.*, una compañía de administración de bienes raíces que maneja 500.000 pies cuadrados de espacios comerciales y de oficinas en la ciudad de Nueva York.

Cuando llegué por primera vez a Nueva York desde Sudamérica, en 1977, apenas podía hablar inglés pero poseía una visión muy clara de las oportunidades que tenía por delante en la Gran Manzana, que estaba golpeada por la depresión; y me propuse comprar varias propiedades. Traía suficiente dinero en efectivo y un tesoro de experiencias en bienes raíces en un país en desarrollo que siempre estaba afectado por ciclos comerciales extremadamente fluctuantes y tasas de inflación sin paralelo, algo a lo que los empresarios de Nueva York no estaban acostumbrados. Cuando empecé a abordar vendedores, su primera reacción, luego de darse cuenta de que era un inmigrante de un país en desarrollo, fue desdeñosa y llena de prejuicios.

Yo no coincidía con el tipo de persona que ellos esperaban, suponían que no contaba con suficiente dinero para invertir en propiedades comerciales de la ciudad, así que al principio apenas se molestaban en darme información sobre los edificios que me interesaba comprar;

cuando se percataban de que contaba no sólo con el dinero, sino con la determinación de comprar, finalmente me tomaban en serio y sólo entonces podíamos sentarnos a hablar de negocios.

Con eso en mente, uno de los consejos más importantes que les doy a quienes participan de bienes raíces o que desean ingresar en este mundo es no juzgar nunca a los clientes potenciales por su apariencia, forma de actuar ni por su preparación o lo educados que parezcan ser. En mis cincuenta años de trabajo en esta industria nunca he subestimado las capacidades y determinación de un cliente potencial; de hecho, hace muchos años atrás, en mi país natal, un hombre entró en mi oficina mal vestido y con una bolsa de supermercado en la mano. Uno de mis empleados rápidamente lo menospreció y trató de sacarlo de la oficina. Mientras observaba esta escena, me acerqué al hombre y me senté con él: resultó ser el ejecutivo principal de una empresa local muy grande que terminó comprando un apartamento aún más caro del que originalmente había ido a preguntar.

Llegué a comprar veinticinco edificios comerciales en la parte occidental del centro de la ciudad en los siguientes veinticinco años. Adquirí edificios que no les interesaban a los constructores y empresarios grandes de Nueva York. Eran edificios viejos y en mal estado en cuadras o zonas de la ciudad que estaban poco desarrolladas. Con una combinación de trabajo duro, determinación para avanzar a través de las difíciles fluctuaciones del mercado, una visión y un tesoro de experiencias en bienes raíces, con el paso de los años logré solidificar mi empresa. Los edificios que compré se renovaron y restauraron para ser desde talleres hasta pequeñas oficinas y estudios de artistas.

Desde mi experiencia, el consejo que doy es tener una visión del lugar que desea desarrollar, encontrar un nicho de mercado con el equilibrio adecuado entre la toma de riesgos y apostarle al futuro, pero siempre reconociendo sus limitaciones y procediendo con suficiente cautela como para salir adelante en períodos económicos difíciles. Y sobre todo, sea humilde.

ESCOJA DISEÑOS EXCELENTES
Y BUENAS UBICACIONES

Richard Meier

Richard Meier es socio de la *Richard Meier & Partners Architects LLP.* Entre sus proyectos se incluyen el Getty Center en Los Ángeles y el Museo de Arte Contemporáneo de Barcelona. Entre sus muchos honores se incluyen la Medalla de Oro AIA del *American Institute of Architects* (Instituto de Arquitectos de Estados Unidos) y el Praemium Imperiale del gobierno japonés.

No puedo decir mucho del mejor consejo de bienes raíces que he recibido, pero el mejor consejo de bienes raíces que yo daría sería: 1) Contratar a un arquitecto para crear un entorno de alta calidad; y 2) Construir cerca de agua. Haga esas dos cosas y habrá hecho una inversión sabia.

No se debe subestimar la relación que existe entre el valor que añade un buen diseño y el precio de venta. Un buen diseño expresa los deseos del comprador de la casa antes de que ellos mismos sepan cuáles son esos deseos. Las personas están dispuestas a pagar más por tener esos deseos anticipados y realizados. Como arquitecto, me emociona trabajar con un desarrollador de proyectos que comprende lo que un diseño de alta calidad significa en términos de ingresos durante la vida útil de un edificio y que está dispuesto a permitirle al arquitecto tomarse el tiempo de trabajar y desarrollar el diseño de un proyecto según las normas más altas posibles.

ADMINISTRE SUS RIESGOS Y AUMENTE AL MÁXIMO EL RENDIMIENTO DE SU INVERSIÓN

Daniel F. Miranda

Daniel F. Miranda es presidente de *HSA Commercial Real Estate.*

Un desarrollador de proyectos de bienes raíces ya entrado en años, propietario de un equipo deportivo exitoso en Chicago y hombre de negocios, me dijo que las personas frecuentemente le preguntaban cuál de entre las docenas de edificios que eran de su propiedad le parecía el más atractivo. ¿El que ganó el premio por su arquitectura?, ¿el que diseñó el arquitecto más famoso?, ¿el más grande en su categoría?

Ninguno de los anteriores.

Su respuesta era: «Al final de cada año, mi contador me dice cuál de mis edificios es el más hermoso».

Los bienes raíces tienen que ver con la evaluación precisa de aros que arden en llamas y luego saltar por ellos; aquellos que miden con precisión el calor de las llamas y el tamaño del aro pueden crear valor; los que no, fracasan y se queman.

Aunque el resultado final de los bienes raíces como negocio se mide por medio de las ganancias luego de haber compensado los riesgos, o la certeza de obtener un flujo de dinero y el tamaño del mismo, llegar a ese punto de ingreso de efectivo o de ingresos totales es la dificultad colectiva y el arte de nuestro negocio. Todas las decisiones de bienes

147

raíces deberían impulsarse por el tamaño de las ganancias anticipadas sobre la inversión, compensando el riesgo. Vaticinar con precisión o evaluar el riesgo y ganancias potenciales es tanto un cálculo matemático como un arte. Si una empresa puede evaluar con precisión los muchos riesgos que involucran los bienes raíces y luego reduce esos riesgos por medio de la supervisión constante de tomar decisiones apropiadas y actuar según esas decisiones, experimentará mayores ganancias sobre sus inversiones.

Yo lo imagino como una serie de aros ardiendo en llamas. Cuanto más grandes sean las dificultades, más grandes deberían ser las recompensas. Tratar con una adquisición difícil de tierras o desafíos de zonificación no anticipados, el desarrollo de financiamiento complejo, la creación de mercadeo innovador, darle vuelta a un proyecto que ha fracasado, negociar con prestamistas antagónicos, creer en el éxito cuando la mayoría apuesta en su contra y mantener el vigor hasta el día de pago... todos son aros ardiendo. Los proyectos de bienes raíces con menos aros típicamente generan ingresos proporcionalmente más pequeños. Los que tienen más aros deberían producir ingresos mayores.

Las organizaciones e individuos de bienes raíces que poseen mayor pericia y vigor cuando se trata de evaluar riesgos correctamente y que luego traen un juego completo de herramientas para resolver los riesgos, son las que ganan.

MIS «KIMISMOS» FAVORITOS

Kim Mogull

Kim Mogull es presidente y directora ejecutiva de *Mogull Realty, Inc.*, empresa líder en la representación de empresas de desarrollo y de ventas en Nueva York, Florida y varios mercados clave de los Estados Unidos.

Nunca me he rehusado a recibir consejos de individuos mejores y más brillantes, sean clientes, amigos o familiares; también he tenido el privilegio de observar la genialidad en acción, y es un placer compartir algunas de las lecciones que he aprendido en el camino.

Haga lo que le encanta y nunca tendrá que trabajar

La gente dice que soy adicta al trabajo. Yo digo: sólo me estoy divirtiendo. Mi madre, Martha Mogull, que sigue siendo mi mejor amiga y mi mentora, siempre me animó a buscar el tipo de carrera que, de no hacerla para ganarme la vida, la haría como pasatiempo. El «pasatiempo» de los bienes raíces comerciales se convirtió en mi campo de juego.

«No» realmente significa «convénceme»

Siempre he sido vendedora, y he aprendido que es posible venderle cualquier producto a cualquier persona si le damos la razón correcta por la cual debe comprarlo. Empecé a desarrollar mis habilidades de ventas en la escuela elemental, mientras vendía joyería para disfraces a mis maestros y compañeros de estudios. En la escuela secundaria avancé a la venta de relojes desde el baúl de mi automóvil. Y mientras estudiaba en la *Northwestern University*, me convertí en la vendedora puerta a puerta número uno de la *Enciclopedia Británica* en la región central de los Estados Unidos. Aunque el producto era diferente, la lección es la misma: «No» realmente significa «convénceme».

SALGA DE SU INVENTARIO RÁPIDAMENTE

Aun la mejor propiedad parece avejentarse si permanece sin venderse por mucho tiempo porque las personas suponen que tiene algún problema. En 2006 serví como corredora en una empresa conjunta para la construcción de un hotel en la esquina de la calle 57 y la 6ª Avenida, en la ciudad de Nueva York, y simultáneamente arrendé el espacio comercial vacante a un conocido grupo de restaurantes. El propietario del edificio previamente había contratado, sin suerte, a dos grandes firmas de corredores para que le buscaran inquilinos a ese espacio; la objeción principal del mercado era que la calle 57 y 6ª Avenida era una «esquina muerta y sin suerte». Por supuesto que estaba muerta, ¡no había estado ocupada durante años! El espacio vacante, junto con el impulso de las objeciones falsas, hizo que el mercado pasara por alto este sitio de mucho tránsito cerca del *Carnegie Hall* y del Parque Central de Nueva York.

Después que me contrataron, emperifollé el edificio, envolviéndolo con una cinta violeta inmensa y un lazo, junto con un letrero que decía: «Nuestro obsequio para usted: un restaurante nuevo sin depósito inicial». Entre las personas que contacté se encontraba el propietario de *The James Hotel Group,* una de las cadenas de hoteles especializados más activas que se estaban expandiendo por el país. Pronto formamos una empresa conjunta para convertir este sitio en el principal de la cadena *James* y, simultáneamente, arrendamos el espacio comercial a un afamado dueño de restaurantes. La esquina previamente «muerta» emergerá como una de las más vibrantes de la ciudad de Nueva York.

GENERE EMOCIÓN Y UNA SENSACIÓN DE URGENCIA ACERCA DE SU PRODUCTO

En uno de los libros anteriores de Donald, *TRUMP: The Way to the Top* (TRUMP: El camino a la cima), Barbara Corcoran ofreció un consejo excelente cuando dijo: «Si hay diez compradores y sólo hay tres perritos, cada uno de ellos es el mejor de la camada». Bien dicho, Barbara. Mi método favorito de mostrar un espacio es mostrarlo a clientes potenciales uno tras otro; esto no sólo permite aprovechar el tiempo al máximo, sino que también crea un sentido de urgencia y de mayor demanda.

HÁGALO MEMORABLE; HÁGALO DIVERTIDO; HÁGALO PRODUCTIVO

Cuando vendía enciclopedias puerta a puerta, acostumbraba llevar un obsequio envuelto en papel de regalo, que usualmente era un diccionario de bolsillo. Las personas sentían curiosidad por abrir el obsequio, así que me dejaban entrar a sus hogares. Un diccionario de bolsillo de $3 terminaba costándoles un mínimo de $1.099, el precio de nuestra enciclopedia más barata. Nada ha cambiado. Cuando visito a mis clientes de bienes raíces, con frecuencia voy armada con algo inesperado que esa persona apreciará; generalmente es algo que toca al cliente o que estimula su imaginación. Pero también voy preparada para respaldar estos obsequios incidentales con algo valioso: información; algo que a mi cliente le gustaría saber y que no sabía antes de mi llegada. Ésta es una forma de añadir valor y mantener una sonrisa en su rostro.

Nunca pierda de vista el aspecto humano de un trato

La venta de bienes raíces no consiste sólo en colocar una propiedad con un comprador o inquilino, sino que es unir a dos personas. Aun en una transacción entre corporaciones, la decisión que hace o deshace el trato la toman las personas. No importa lo atestado que se encuentre su calendario o el poco tiempo disponible de su cliente, haga el mejor esfuerzo posible por reunirse en persona, cara a cara; es mucho más fácil deshacer un trato impersonal. Y por encima de todo, condúzcase de modo honorable. Eso es lo que la gente recuerda.

Mi madre siempre dice: «De las semillas pequeñas crecen los árboles grandes»

Muchas personas me preguntan: «¿Cómo conseguiste a Donald Trump como cliente?» Lo conseguí por medio de preparación, pasión y persistencia, más diecisiete años de trabajar en bienes raíces comerciales veinticuatro horas los siete días de la semana, y encantada de hacerlo. Cuando me llamaron por primera vez de la oficina del Sr. Trump pidiéndome una reunión, yo era presidente de una empresa pequeña de bienes raíces. Me presenté a la primera reunión con Donald sabiendo todo lo que me era posible saber en cuanto a su cartera de propiedades comerciales, y también le dije dónde opinaba yo que él podía aumentar sus valores. Después de una hora de interrogatorio clásico por Donald Trump (que me causó transpiración, náuseas y una leve hiperventilación), me contrataron, pero sólo para una tienda. Tenía una sola oportunidad para demostrar mi capacidad, y se me aseguró que si la demostraba, me darían más negocios. Una vez que me contrataron, de inmediato puse en marcha mi plan y demostré mi capacidad una tienda a la vez.

No tenga temor de confiar en sus instintos ni de gastar su dinero para ganar dinero

La primera tarea que recibí de Donald fue arrendar un restaurante en una esquina del Trump Plaza; pero cuando visité el espacio por primera vez, sentí como una señal de alarma porque ese espacio no pertenecía a un restaurante; además, el espacio parecía ser más grande de lo que se me había dicho. Me sentí nerviosa en cuanto a darle consejo a Donald porque él apenas me conocía y mi competencia había estado tratando de ofrecer el restaurante vacío «tal como se encuentra», indicando un espacio más pequeño. No obstante, le sugerí a Donald que contratara a un arquitecto para volver a tomar las dimensiones y a un constructor para que lo desalojara completamente. Si estaba equivocada, nunca me volverían a contratar. Seguí mis instintos y estaba en lo cierto: el espacio era más grande de lo que se me había dicho. Pudimos cobrar el doble de alquiler y obtuvimos ingresos mucho mayores de lo que anteriormente se había proyectado.

Sobre todo, sea apasionado; la pasión es contagiosa

El día que me contrataron, Donald no sólo me dio una magnífica oportunidad, sino que también me dio el mejor consejo de negocios que he recibido. Cuando salía de su oficina, me dijo: «Kim, eres una de las mejores vendedoras que he conocido. Abre tu propia empresa. Crea una marca. Haz que sea fácil que otros te encuentren». Al día siguiente fundé la *Mogull Realty* con Donald como mi primer cliente. Desde entonces, nunca he mirado hacia atrás.

Tomó muchos años ganarse su confianza, años de trabajo duro e inteligente. El resultado final es el resultado final, y clientes como Donald recompensan los resultados. Muchos años y transacciones después, *Mogull Realty* se ha convertido en la agencia de corredores exclusiva para la mayor parte de la cartera de propiedades comerciales de la Organización Trump.

VAYA DONDE SE LO NECESITE

Bruce E. Mosler

Bruce E. Mosler es presidente y director ejecutivo de *Cushman & Wakefield*, la firma global de servicios de bienes raíces.

En 1966, cuando era presidente de la región oriental de *Gailbraith Company*, mi empresa se vendió y eso me puso a buscar otros empleos en el mercado. Mis alternativas se redujeron a dos compañías: una era *Cushman & Wakefield*, y la otra era una empresa competidora. Donald Trump me dijo: «Creo que necesitas irte con *Cushman & Wakefield*». La sugerencia que me estaba dando era que debía ir donde se me necesitara, no donde me quisieran.

La diferencia fundamental entre estas dos cosas es muy sencilla; muchas compañías desean contratar a personas clave para su organización por muchos motivos diferentes: algunas veces para mantenerlas fuera de otras organizaciones, otras porque añaden un valor temporal; pero a largo plazo, si uno va donde lo necesitan, contribuirá con un valor sostenible. Éste fue un buen consejo que él me dio, y en aquel momento me uní a *Cushman & Wakefield* sólo como corredor; resultó ser tal la necesidad que eventualmente llegué a ser director ejecutivo. No se puede recibir mejor consejo que éste.

Guíe con su ejemplo

Uno de mis mentores fue Alvin Dorman, exitoso constructor para el resort Bacara, en Santa Bárbara, California, y reconocido en la construcción del sector residencial y comercial en todo el país. Alvin me enseñó dos cosas: una fue guiar con el ejemplo. En un nivel sumamente fundamental, esto significa que cuando uno guía a personas, es necesario que usted haya pasado por donde ellos se encuentran ahora. En mi caso, estoy al mando de una empresa global de corredores con más de once mil empleados. He estado en el campo, he representado a inquilinos, conozco la entrada y la salida, los recursos que se necesitan; ciertamente, el consejo de practicar lo que se predica y haber experimentado la situación es absolutamente necesario para obtener el apoyo colectivo del grupo que uno dirige. Esto es algo que siempre he tenido en cuenta.

Enfóquese en un área

Otro asunto esencial que Alvin me enseñó fue a convertirme en un experto en mi industria. En la arena de bienes raíces comerciales uno puede tratar sólo asuntos generales, pero para llegar a la cima es necesario enfocarse en un área específica del negocio. Nuestra actividad es amplia: ventas de inversiones, avalúos, arrendamientos comerciales, administración de infraestructura y de bienes... Escogí la representación de inquilinos como la parte del campo en la cual me enfocaría.

Piense en marcas

La parte final es el mejor consejo que recibí de mi padre, y es una frase estereotipada, pero es un hecho. Mi padre era el presidente de la junta de *Mosler Safe*, la cual era una empresa bien conocida; él siempre opinó que la marca significa todo, todo lo que se hace debe mejorar la marca y todo lo que uno hace afecta la marca. Cómo se conduce, lo que usted es y quién es, todas estas cosas están relacionadas directamente con la marca del negocio.

PIENSE EN LA UBICACIÓN Y EN LA HONESTIDAD

DAVID MOSSLER

David Mossler es presidente de la junta directiva de *Mossler & Doe*, la cual representa, vende haciendas, propiedades residenciales históricas y arquitectónicas principalmente en el sur de California.

Cuando compre bienes raíces, las tres reglas más importantes siguen siendo: ubicación, ubicación y ubicación.

Cuando le toque vender bienes raíces, las tres reglas más importantes son: revele, revele y revele. La honestidad prevalece.

COMPRE, Y ESPERE...

TERRI MURPHY

Terri Murphy es una conferencista profesional, directora de informática de *U.S. Learning en Memphis*, y escritora para las revistas *Broker Agent News, Mortgage Originator Magazine, Realty Times* y *Memphis Woman*.

El gran Cavett Robert, fundador de *National Speakers Association* (Asociación Nacional de Conferencistas) y empresario durante muchos años, afirmó algo que siempre tengo presente: «No espere para comprar bienes raíces, compre bienes raíces y entonces espere». Este buen consejo ha funcionado bien para mí y para muchos de mis clientes por años.

Con la excepción de toparse con un desastre ocasionado por el hombre, tal como la catástrofe de Chernobyl, que afecte el mercado de bienes raíces, los inmuebles, en general, aumentan de valor. Algunas zonas tales como California pueden aumentar más rápidamente que otras, como Dubuque, Iowa, por ejemplo, pero en su mayoría, los inmuebles aumentan de valor.

La mayor parte de la gente común (lo siento Donald, tú no estás entre ellos) invierte en sus propias residencias pero no aprovechan su bienestar financiero al hacer inversiones adicionales en bienes raíces.

159

Hay tres pasos que recomiendo para apoyar el consejo que da el Sr. Cavett de comprar bienes raíces y esperar:

Paso 1: Empiece con un plan. Empiece confeccionando un plan que dependa de su estrategia: invertir en una propiedad a largo o a corto plazo. Usted puede elegir entre retener una propiedad a un plazo prolongado, o a plazo acotado para luego venderla y así obtener ganancias inmediatas.

Si planea retener una propiedad por varios años, su estrategia deberá anticipar una apreciación anual e ingresos consistentes por alquiler para pagar la deuda de la hipoteca y que le genere ingresos. Sin embargo, si opta por esto, deberá considerar la contratación de una empresa profesional de administración de propiedades; apartar fondos para reparaciones, reemplazos y mantenimiento; reservar fondos para cubrir interrupciones en los ingresos por alquileres, en caso de que la propiedad quede vacante, y tomar en cuenta el efecto del valor del vecindario a largo plazo. Si la propiedad se encuentra en una zona con buen tránsito de inquilinos, cerca de la ciudad y de buenas escuelas, a corta distancia de medios de transporte público, es más probable que asegure un aumento gradual de su ingreso por alquiler.

Si planea retener la propiedad por varios años, deberá estudiar los beneficios de obtener una hipoteca con un programa más corto de amortización que le permita pagarla en un período más breve y específico. Si puede pagar por una hipoteca con amortización a diez o veinte años, esto puede crearle un flujo de dinero en efectivo más rápido que un préstamo tradicional a treinta años. Su estrategia podría consistir en adquirir un número de propiedades, aprovechando el valor de otras propiedades como garantía, para obtener fondos adicionales para invertir. Un plan a largo plazo puede brindarle libertad financiera. Un plan de retener una propiedad a corto plazo (para revenderla) puede ser una forma excelente para generar dinero en efectivo, pero una estrategia más sólida es obtener propiedades en buena ubicación que generen ingresos consistentes, y luego dejar que los bienes raíces trabajen para usted. Antes de que se percate de ello, habrán pasado diez años, y si invierte de modo inteligente, disfrutará de valorizaciones sólidas en propiedades cuya hipoteca la pagó otra persona mes tras mes, lo cual le brinda el regalo de permitir que los bienes raíces y su dinero trabajen a su favor.

Los inversionistas novatos usualmente compran una casa para sí mismos y sus familias. Esta compra es un paso para la inversión que puede usarse para adquirir bienes raíces adicionales; sin embargo, la mayoría de las personas dedica más tiempo a pensar sobre los regalos de Navidad que a la compra de inmuebles.

Haga las averiguaciones del caso y determine sus objetivos financieros generales. ¿Está planeando vivir en esta propiedad?; y en caso afirmativo, ¿por cuánto tiempo? La respuesta a esta pregunta lo ayudará a definir la mejor estrategia. Tome en cuenta factores tales como el tipo de financiamiento, el historial del mercado local, la zonificación local, nuevos proyectos en construcción, y cosas por el estilo. Piense en estos factores y haga las averiguaciones pertinentes. Si es soltero, desea construir una cartera de bienes raíces y está empezando modestamente con un lugar donde vivir, utilice ese tiempo para informarse en cuanto a las responsabilidades y obligaciones del propietario, mantenga un buen historial de crédito e inicie y edifique relaciones personales que le faciliten las inversiones futuras.

Paso 2: Forme un equipo de expertos. Nunca ha sido tan fácil aprender cómo invertir en bienes raíces mientras mantiene su trabajo regular. Internet, libros, seminarios sobre el tema y otras oportunidades pueden satisfacer sus necesidades. El mejor consejo es que forme su equipo de expertos porque el negocio de los bienes raíces es una aventura multifacética. ¡No es posible saberlo todo! Si intenta hacerlo todo usted solo podría ser una lección dura para su ego y su bolsillo si llega a invertir sin hacer las averiguaciones apropiadas.

Entreviste y busque a miembros de su equipo como lo haría si estuviera buscando un socio; entreviste a agentes de bienes raíces, constructores, valuadores, oficiales de préstamos, banqueros, contadores y abogados que se especialicen en inmuebles antes de empezar a buscar propiedades. Seleccione los expertos que vayan de acuerdo con su estilo de hacer las cosas, cada lugar tiene sus propias características que afectan el valor de los bienes raíces. Estas características pueden conocerlas en general los habitantes de la localidad y no aparecer en registros públicos ni en libros de inversiones de inmuebles. Si tiene un equipo de confianza, esto le facilitará mucho la búsqueda y la compra.

Cuando me trasladé de Chicago a Memphis, encontré un lugar excelente en una comunidad con vallado cuyas propiedades no estaban disponibles muy a menudo; esta propiedad la vendía su propietario, pero después de convenir el precio de venta, el avalúo de la propiedad resultó ser menor que la cantidad que yo había ofrecido. Eso resultó ser ventajoso para mí pero no así para la dueña, porque el valor de esa propiedad se había casi duplicado en menos de veinticuatro meses. Sin embargo, el valor de otras propiedades circundantes apenas había aumentado el 2 o 3% anual. La lección es: estudie, haga preguntas y estudie más antes de hacer una inversión. ¡El antiguo adagio «ubicación, ubicación y ubicación» sigue siendo cierto!

Paso 3: Trabaje según su plan. Utilice sus pautas de inversión para construir su cartera, forme al mejor equipo para que lo ayude a tomar las mejores decisiones y dedique tiempo periódicamente a continuar estudiando el mercado; muchos inversionistas novatos subestiman la importancia del tiempo y atención que se requieren a diario para invertir con éxito en bienes raíces. Muchos inversionistas que me han consultado compran una propiedad que administra una empresa especializada en esta área y luego se olvidan de revisar anualmente los valores de las propiedades, estudiar el mantenimiento que se requiere, proyectar la obsolescencia funcional, así como de evaluar la competencia que representan las construcciones nuevas y futuras en la zona. Después se preguntan por qué no están ganando dinero. ¡Es que éste no es un buen plan!

Hay una cosa de la que se puede estar seguro: los bienes raíces cambian todos los días; no lo hacen tan rápidamente como la Bolsa de Valores, pero hay cosas que impactan su valor diariamente: despidos en una empresa, inicio de empresas nuevas, transporte público, nuevos impuestos, nuevas escuelas, nuevos centros comerciales y renovaciones del centro de la ciudad.

El mejor consejo de bienes raíces que he recibido es comprar y esperar. En diez años, si se adquiere sólo una propiedad por año, aun con una inversión modesta, esto le permitirá ganar dinero mientras duerme y con frecuencia a un ritmo mucho más rápido de lo que aumentaría trabajando duro. Cuando presta atención de cerca, el trabajo que dedique a las inversiones le rendirá ganancias, y, como dice Cavett, disfrute sus ganancias mientras espera. ¡Buena suerte!

CALCULE LOS RIESGOS

Joshua L. Muss

Joshua L. Muss es presidente de *Muss Development Company*, una de las empresas de desarrollo más grandes de la ciudad de Nueva York.

Durante muchos años al desarrollo de propiedades en la ciudad de Nueva York lo dominaron familias que controlaban los bienes raíces; la longevidad era necesaria para acumular experiencia, capital y para poder sobrevivir a los ciclos de las tasas de interés bajas en el mercado y períodos de titulación que podrían durar décadas, entre otras tantas cosas.

Mi abuelo, Isaac Muss, llegó a los Estados Unidos en 1906, y empezó a construir extensamente en Brooklyn hasta que la gran depresión afectó su éxito. Mi padre, Hyman, uno de siete hermanos, continuó en el negocio de la familia después de la Segunda Guerra Mundial; los fondos eran limitados y los proyectos, modestos. Las ventas residenciales que se construyeron in situ sirvieron de combustible para proyectos comerciales, un proyecto a la vez.

Cuando me gradué en leyes fui aprendiz durante cinco años; con adulación silenciosa y deferencia, sabía que todo lo que mi padre hacía estaba bien; después siguió un período de cinco años durante el cual, en mi opinión, ¡todo lo que Hyman Muss hizo salió mal! Construimos las cosas equivocadas en lugares equivocados, carecían de atractivo y no eran suficientemente grandes. Lo que necesitábamos era un socio con dinero que nos permitiera entrar en las «grandes ligas». La respuesta de mi padre fue: «Si el proyecto es bueno, no se necesita un socio. Si el proyecto es malo, uno no quiere tener socio».

Muchas décadas después, y con la sabiduría acumulada de muchos proyectos, reflexiono sobre esas palabras que se han hecho carne en mi forma de pensar. Como consecuencia de seguir su consejo (él era el jefe), busqué proyectos más grandes «sin riesgo»; el proceso era simple: encontrar terrenos baratos, obtener los permisos ambientales, cambiar la clasificación de la zona, enlistar clientes, terminar con la construcción y cosechar ganancias. Así de sencillo... Siempre y cuando todo sucediera bien.

Sin embargo, la vida en la última década del siglo XX y principios del XXI se ha tornado más compleja; ya no hay financiamiento «convencional». A las familias que antes dominaban el desarrollo las están supliendo, por no decir reemplazando, consorcios de inversión en bienes raíces, fondos de oportunidad y grandes corporaciones; el dinero paciente ha cedido el paso a porcentajes de ganancias internas en dígitos dobles. A diario, empresarios nuevos con experiencia limitada y aún con menos capital impulsan proyectos gigantescos con socios con suficientes recursos para ello.

Y yo continúo siguiendo el consejo de mi padre, con algunas modificaciones: evalúo cada proyecto como si el riesgo de financiarlo y completarlo fuera mío. Cuando estoy convencido de que es bueno y que podría proceder sin necesidad de socio, invito a otros a participar. En el mundo de los bienes raíces de hoy, se necesitan y se quieren los socios. Las buenas sociedades ayudarán a *Muss Development* a extenderse por otros cien años.

BUSQUE LA BUENA ARQUITECTURA

ENRIQUE NORTEN

Enrique Norten fundó *TEN Arquitectos en México*, DF, en 1986, y luego abrió una segunda oficina en Nueva York. En la actualidad ocupa la *Miller Chair de la Universidad de Pensilvania* y es profesor visitante Eero Saarinen Visiting de Diseño Arquitectónico en la *Escuela de Arquitectura de Yale.*

Todos hemos escuchado que el mejor consejo es elegir la mejor ubicación, y es cierto que ésta es sumamente importante, pero pienso que la buena arquitectura y el buen diseño siempre se venden mejor. Efectivamente, creo que especialmente en mercados sofisticados tales como el de Nueva York y otras ciudades globales, la buena arquitectura siempre demanda precios superiores en el mercado. Una mejor arquitectura y un mejor diseño se venden más rápido y a un mejor precio que una estructura común. Y buena arquitectura más buena ubicación será mucho mejor aún.

RECUERDE QUE EL NEGOCIO DE LOS BIENES RAÍCES ES CÍCLICO

ELAN PADEH

Elan Padeh es presidente y director ejecutivo de *The Developers Group* y ha servido como director, arrendador, desarrollador de proyectos y consultor de los mercados residenciales y comerciales.

La fórmula para todos los que realmente gozan del éxito en bienes raíces es sencilla, pero poner esa fórmula en la práctica es todo menos fácil. ¿Cuál es la fórmula? Investigue lo máximo posible acerca del producto, del vecindario y del mercado. Defina a sus clientes y averigüe cuáles son los puntos que los motivan. Determine cuáles partes de los mercados financieros, de la construcción y del desarrollo pueden servir a favor de sus clientes, sean éstos compradores, inversionistas o constructores. Nunca olvide que la experiencia no puede estimarse en exceso, y nunca, nunca, se meta en el juego para obtener una ganancia rápida.

Es crucial que recuerde que el negocio de los bienes raíces es cíclico. La gente que habla acerca de «burbujas» sencillamente no ha pasado tiempo suficiente en el negocio para comprender a fondo cómo es que trabaja. Aun cuando está a su límite máximo, los inmuebles son una inversión viable para alguien, y el inversionista o desarrollador de proyectos sabio conoce lo suficiente acerca de los ciclos para saber cuándo ha llegado el momento oportuno para su situación individual. En 2006, por ejemplo, los precios eran demasiado altos para muchos arrendadores potenciales, pero eso no significó que no hubiese personas capaces o dispuestas a comprar. En lugar de ello, significó que casi todos en el mercado estaban representando un fondo o a un individuo que puede esperar tres décadas para obtener las ganancias de su inversión o que estaba involucrado en un Intercambio 1031.

Además, creo firmemente que los inversionistas sabios compran y retienen. Mientras que la venta rápida de propiedades recibe mucha atención de los medios de comunicación en el mercado que hemos tenido en los años recientes, y puede dar por resultado una ganancia, las ganancias significativas quedan con los que compran propiedades, las retienen, las alquilan y luego escogen el momento de vender.

Para los que desarrollan proyectos, éste es un momento fascinante para participar del negocio, especialmente en Nueva York. La gente vive por más tiempo y cada vez más y más de ellos se están mudando a la zona de Nueva York; las personas con visión pueden redefinir las fronteras en formas que pueden ser remuneradoras. Una zona que se consideraba como irremediablemente deprimida, tal como Bedford Stuyvesant, hoy día clama por nuevos proyectos desarrollados por aquellos que sean capaces de ver el potencial y sepan cómo buscarlo. Estoy seguro de que existen áreas similares en otras zonas metropolitanas grandes de los Estados Unidos.

Otro cambio demográfico que mis socios y yo hemos aprovechado es que unos cinco a diez años atrás, algunos padres de familia bien informados reconocieron que sería una gran inversión comprar un apartamento en condominio para sus hijos veinteañeros, quienes entonces pagarían el alquiler para ayudar a cubrir los costos. Los padres obtenían las recompensas del aumento en los precios, pero sus hijos, jóvenes, emocionados y testarudos, escogían los apartamentos en los cuales querían vivir. Es más, esos mismos jóvenes probablemente estarían buscando algo que comprar en menos de una década, de modo que complacerlos una vez podría significar venderles algo dos veces. Puesto que sus gustos son tan diferentes, saber cómo configurar los espacios y luego diseñarlos de modo que sean atractivos para ellos es una clave del éxito verdadero.

Cuando estos jóvenes están listos para comprar, su posición financiera puede presentar desafíos que les obstaculicen obtener lo que realmente desean. Mis socios y yo hemos descubierto que las zonas previamente deprimidas pueden tener mucho potencial. Por ejemplo, los requisitos estatales y federales permiten a los banqueros financiar proyectos en zonas deprimidas con tasas de interés de una a dos décimas por debajo de la tasa actual del mercado; pero lo que se denomina «zona deprimida» puede variar más rápidamente en la realidad que el cambio de la designación de «zona deprimida» por la *U.S. Census Bureau* (Oficina del Censo de los Estados Unidos). Así que si la zona está a punto de progresar, los banqueros hábiles pueden hacer préstamos con tasas de interés muy atractivas, conseguir a clientes jóvenes y modernos y crear una situación en la que todos ganan.

Un poco de pensamiento creativo puede resultar en recompensas grandes para los que desarrollan proyectos. Los clientes jóvenes buscan de uno a dos dormitorios, pero tal vez no son muy exigentes en cuanto a la configuración precisa de los mismos. El desarrollador de proyectos puede, y debe, hacer que eso funcione para su ventaja. Por ejemplo, si la configuración de un apartamento en condominio de dos habitaciones sigue el estilo tradicional de «vagón de ferrocarril», el pasillo consume una superficie valiosa. Si, por otro lado, un apartamento de dos dormitorios se configura en lo que llamamos «planta dividida», se aprovechan al máximo los espacios. La superficie total de un apartamento de estilo vagón de ferrocarril podría medir 1.125 pies cuadrados, en comparación con los 1.050 pies cuadrados de un apartamento de planta dividida cuyos dormitorios son del mismo tamaño. Si un edificio tiene un total de cien apartamentos y cincuenta de ellos son de planta dividida, el desarrollador del proyecto ahorra 3.750 pies cuadrados del costo de construcción, que puede ser más que $2 millones dependiendo en los costos. La sabiduría nos pide que simultáneamente configuremos según los gustos de los clientes y elevemos al máximo la eficiencia. La consultoría que mis socios y yo hacemos tiene que ver con todo esto.

Las personas que realmente alcanzan el éxito en bienes raíces, no importa qué papel desempeñen, hacen dos cosas: trabajan duro y aman su trabajo. Iniciar un negocio es una propuesta atemorizante, pero con el tipo correcto de entusiasmo y el tradicional trabajo duro, los resultados son más de lo que hubiera soñado. Me encanta mi trabajo y elijo trabajar únicamente con otras personas que también se sientan de esa manera. Sí, nos gusta ganar dinero, pero el dinero resulta ser más un producto secundario que una meta. Éste es un negocio de toda la vida que recompensa abundantemente cada minuto que uno dedica en él.

¡EN EL FUTURO TODO SERÁ MUY PEQUEÑO Y MUY RÁPIDO!

John M. Peckham III

John M. «Jack» Peckham es director ejecutivo de *Real Estate CyberSpace Society* (REcyber.com), que cuenta con más de diez mil miembros.

¡En el futuro todo será muy pequeño y muy rápido!

En 1994 un hombre que estaba en una exposición tecnológica repetía esta frase a todo aquel que lo escuchara: «¡Venga a ver esto!» Estaba jugando con un programa de computadoras nuevo denominado Mosaic que lo llevaba por Internet con sólo hacerle clic a pequeñas imágenes. Cuando él se hizo a un lado, tomé el ratón y con dos clic navegué en Internet hasta obtener la información que necesitaba y que estaba en una biblioteca en Pretoria, Sudáfrica. Debido a que yo había dedicado más de un año a tratar de navegar en Internet, escribiendo comandos largos y complejos, di un silbido suave y le dije: «¡Esto va a cambiar la industria de los bienes raíces en formas que ni siquiera imaginamos hoy!»

Sacándole el máximo provecho a la información

Animarme a usar el creciente poder y facilidad de uso de Internet para recopilar, comprender y difundir información es el mejor consejo de bienes raíces que he recibido. Allá por 1963 fundé *Data Realty Corp.*, una firma de corredores de bienes raíces que obtuvo millones de dólares en ventas de propiedades de inversión. Nuestro secreto era que utilizábamos una vieja clasificadora y «ponchadora» IBM que nos permitía parear a inversionistas en bienes raíces con propiedades que satisfacían sus criterios. El poder de cálculo de ese aparato era casi nada en comparación con lo que tenemos disponible hoy, pero la prensa y la industria pensaron que hacíamos milagros debido a la velocidad con que podíamos «parear» la información.

Hasta 1996, todos los que participaban de los bienes raíces citaban ese mantra antiguo: «¡Es la ubicación, ubicación y ubicación!» Fue dos años antes, en la sala de exhibiciones de aquella exposición comercial, cuando supe intuitivamente que los ganadores en la guerra de los inmuebles, aunque no pasarían por alto la regla de ubicación, ubicación y ubicación, eventualmente empezarían a repetir el mantra de la era informática: «¡Es la información, información e información!» Sobre la base de esta premisa, en 1996 fundamos www.REcyber.com, *Real Estate CyberSpace Society* (Sociedad de Bienes Raíces en el Ciberespacio), que ha crecido hasta tener más de diez mil miembros en ciento veinte capítulos.

Para los que participan del negocio de los bienes raíces, la información y la velocidad a la cual uno puede difundirla y obtenerla son herramientas poderosas. Poco después de encontrar ocho compradores en un tiempo de tres horas para una propiedad de inversión de Walgreens, con un valor de $2,6 millones usando Internet, me propuse desarrollar herramientas de difusión de información en la Sociedad.

Todavía puedo escuchar el eco de «¡Venga a ver esto!», urgiéndome a explorar las herramientas de Internet; por ejemplo, la Sociedad rápidamente proporcionó a sus miembros herramientas poderosas para formar tratos tales como el *E-Mail Broadcast Wizard* (asistente de difusión de correos electrónicos); con esta herramienta, los corredores de bienes raíces comerciales y los inversionistas miembros de la Sociedad pueden enviarse mensajes instantáneos unos a otros que difunden las propiedades que tienen a la venta, o que envían sus necesidades de inversión a una lista de más de cincuenta y cinco mil destinatarios que han solicitado posiciones diferentes en cincuenta y cinco listas de difusión diferentes, todo sin enviar correos chatarra.

AHORRO DE TIEMPO Y DINERO

El éxito de esta herramienta ha demostrado el poder que tiene Internet para poner información en las manos correctas de inmediato. Los expertos en mercadeo por Internet describen la comercialización instantánea como «comercialización de empuje» porque ubica la información frente al destinatario sin necesidad de que éste tenga que ir a parte alguna ni hacer otra cosa que abrir su correo. Otra ventaja de este método de comercialización: ¡es gratuito!

Cuando comparé este método de difusión instantánea de información, por ejemplo, a diez mil destinatarios lógicos sobre una propiedad de bienes raíces a la venta con el método tradicional de imprimir folletos, colocarlos en sobres, escribir las direcciones, colocarles sellos postales a los sobres y llevar la pila de los mismos a la oficina postal, resultó fácil ver los muchos beneficios de las comunicaciones electrónicas instantáneas. A las ventajas de la velocidad, destinatarios escogidos y entrega inmediata las exceden únicamente las ventajas en costos. Utilizando métodos tradicionales, el costo de alcanzar a diez mil compradores potenciales podría ascender a $10.000. Si se usan métodos de comunicaciones instantáneas tales como el *E-Mail Broadcast Wizard*, de *Real Estate CyberSpace Society*, ¡el costo es prácticamente nulo!

El programa *Real Buyer Direct* (Directo a Compradores Reales) es otro ejemplo de un recurso de información poderoso y sumamente útil; les permite a los inversionistas y corredores de bienes raíces buscar instantáneamente a compradores apropiados para una propiedad en particular, o encontrar a los vendedores más lógicos para un tipo de propiedad que estén buscando. La Sociedad mantiene la base de datos y les da a sus miembros la capacidad de seleccionar la lista apropiada de compradores o vendedores potenciales de la base de datos de más de ocho mil registros e inmediatamente enviarle un mensaje por correo electrónico a la lista seleccionada, todo en menos de dos minutos. El poder que tiene Internet en la actualidad, de recopilar y difundir información, otorga tanto a inversionistas como a corredores de bienes raíces pequeños acceso a información que antes sólo estaba disponible para las firmas con bolsillos repletos de dinero.

En el futuro muy cercano seremos testigos del impacto de torrentes de información en audio y video a través de publicaciones simultáneas realmente sencillas, que permiten el uso de mensajes que se difunden a reproductores portátiles como medio para colocar aun más información frente al destinatario, de manera instantánea. Combine esto con la integración de la recepción y entrega de varias herramientas de información en lo que ahora son teléfonos celulares bastante sencillos. Seremos testigos de la integración continua de los teléfonos celulares de hoy, dispositivos buscapersonas, asistentes personales de información, dispositivos de trazado de mapas, seguidores de personas, sistemas de seguridad personales, reproductores de MP3, receptores de televisión y proyectores de datos que lanzan imágenes, diapositivas o videos en una pantalla holográfica en el aire, frente a nosotros, acompañados de alta calidad de sonido, gracias al *Surround Sound*. Y se crearán otros dispositivos con funciones que difícilmente podemos imaginar hoy.

Aumento de la velocidad y reducción del tamaño

Hace varios años me estaba preparando para dar la conferencia principal a quinientos miembros del *CCIM Institute*, que formaba parte de su conferencia educativa anual en Toronto. Esa noche a muchos miembros del CCIM los acompañaron sus familias, incluyendo unos veinte niños. Debido a que por varias décadas mi pasatiempo ha sido el ilusionismo, frecuentemente incluyo un par de «milagros» como parte de mi conferencia; esa noche les pedí a los organizadores del evento que crearan un espacio despejado y pequeño delante de la plataforma sobre la cual yo estaría exponiendo mi charla, y que allí reunieran a los niños (cuyas edades oscilaban entre los tres y los trece años) y los sentaran en el piso.

Cuando los quinientos participantes se callaron, luego de que me presentaran, le pedí a la audiencia que se relajara y que observara por un par de minutos antes de mi intervención, porque quería hacer un par de trucos para los niños; durante el transcurso de mi miniespectáculo de magia, les pregunté a los niños cuántos de ellos pensaban que se dedicarían al negocio de los bienes raíces como su papá o su mamá. Tres de los diecinueve niños levantaron su mano (el vigésimo estaba durmiendo).

Había una silla desocupada cerca de mí en la plataforma y corrí un gran riesgo; sin contar con un libreto o plan, invité a una niña de once años que había levantado la mano a que subiera a la plataforma conmigo. Los quinientos profesionales de bienes raíces observaban.

Compartí el micrófono con ella mientras conversamos brevemente y su sinceridad me impresionó, así que tomé el riesgo más grande de toda mi carrera como conferencista y le pregunté cómo pensaba ella que sería este negocio cuando ella se incorporara a él, en unos diez o quince años. Sostuve mi respiración, sabiendo que si ella quisiese,

175

podría darme una mirada confusa como diciendo «¿Estás loco?», o sencillamente decir: «No tengo idea», y toda mi artimaña improvisada quedaría como un globo desinflado.

Pero no fue eso lo que hizo, sino que me miró con toda la sinceridad y candor que una niña de once años es capaz de reunir y sin titubear me dijo con franqueza: «¡Todo será muy pequeño y muy rápido!»

Con esas sencillas palabras describió el futuro mucho mejor que todos los pronosticadores juntos. Todavía me da escalofríos cuando pienso cómo describió el futuro de los bienes raíces; piénselo de vez en cuando y le aseguro que también los sentirá.

Las herramientas que tenemos hoy permiten tanto a inversionistas como a corredores de bienes raíces hacer cosas en formas que no podía ni haber imaginado cuando aquel desconocido me dijo: «¡Venga a ver esto!», en la exhibición de la exposición tecnológica en 1994.

Ahora doy este consejo: «¡Venga a ver esto!» Los cambios que hemos visto desde 1994 palidecerán hasta resultar insignificantes cuando veamos cómo los cambios rápidos afectarán nuestra industria de bienes raíces en los próximos cinco años. Recopilaremos, organizaremos, dispondremos y presentaremos la información en formas que nos ayudarán a perfeccionar la precisión del proceso de toma de decisiones. ¡Y todo será muy pequeño y muy rápido!

CONOCIMIENTO, ENTUSIASMO, INTEGRIDAD Y TRABAJO TENAZ

SUSAN PENZNER

Susan Penzner es presidente de *Susan Penzner Real Estate*, y ha participado activamente de bienes raíces en SoHo, Tribeca y Chelsea desde 1978. Es miembro del *Consejo de Bienes Raíces* de Nueva York.

Para tener éxito en bienes raíces hay que tener tres elementos esenciales: conocimiento, entusiasmo e integridad.

1. Conocimiento. El concepto que se acepta es que hasta que uno llega a conocer el producto, sea éste residencial o comercial, y el mercado en el cual se está vendiendo, no es posible empezar a servir a sus clientes de modo adecuado. Lo que muchas veces pasa sin ser reconocido es que el «producto» es tan parte del vecindario como lo es el espacio individual de residencia o de oficina. Esencialmente, uno está vendiendo comodidad. Conocer la mejor tintorería, la florería más creativa, el centro de copias más eficiente y el servicio de comidas más confiable es tan importante como determinar la calidad de la construcción, el acceso a transporte público o la configuración de los espacios. Muchos individuos inician su carrera en bienes raíces, especialmente en la parte residencial, concentrándose en la zona en donde viven. Ésa es una decisión inteligente porque su conocimiento se basa entonces en su experiencia personal, la cual es mucho más confiable que la investigación más sofisticada.

Recuerdo una experiencia que tuve hace algunos años, cuando para mantener una licencia válida de corredor de bienes raíces en la ciudad de Nueva York se exigía que uno tomara cursos de repaso. Donald Trump fue uno de los conferencistas destacados en uno de los cursos que tomé. Él había concluido la construcción del Hotel Hyatt junto a la estación central de trenes y llevó consigo al grupo de socios comerciales que trabajó con él en ese proyecto: arquitectos, ingenieros, etc. La presentación fue fascinante y salí de allí comprendiendo firmemente que detrás del éxito de ese hombre estaba la capacidad de obtener la mejor información de las personas más brillantes.

2. Entusiasmo. Antes de que me involucrara en bienes raíces, trabajaba en el mundo de la moda y del arte. Los bienes raíces me atraían en parte debido a mi amor por el diseño y la arquitectura; aunque abrí mi oficina en el lado oriental superior de Nueva York, donde vivía, conocía mucho del SoHo también debido a mi afiliación con la revista Art Forum, los apartamentos tipo desván de los artistas ahora forman parte del corazón del SoHo; pero yo estaba vendiendo estos desvanes en los primeros días, cuando eran una forma de cubrir la brecha que separaba el nivel de ingresos de los artistas jóvenes, y los no tan jóvenes, y sus gustos estéticos. La venta de desvanes fue resultado de mi entusiasmo innato por la arquitectura, combinado con mi deleite por tratar con personas interesantes. Es sumamente importante sentir pasión por lo que uno vende y disfrutar el tiempo que pasa con las personas a quienes se lo vende.

Esto es cierto tanto para las ventas comerciales como para las residenciales; el éxito en los espacios comerciales depende tanto de determinar si la propiedad encaja con su cliente como de negociar una tasa de interés favorable. Es necesario que me guste el producto para poder venderlo; debido a que esto es cierto, he podido edificar un negocio robusto sobre la base de referencias.

La tendencia de hoy toma esta fórmula y la lleva un paso más allá. Lo que se vende, ciertamente en Nueva York, y supongo que también en otras ciudades, es un estilo de vida, un sentido de diseño. Se les pide a los diseñadores de moda que creen los vestíbulos. Los arquitectos afamados son parte fundamental de la transformación. El proyecto de Gramercy Park en Nueva York es un ejemplo elegante e impactante de ello.

3. Integridad. Es un término que se utiliza en exceso, pero eso no le resta importancia. El problema, desgraciadamente, es que muchos sólo asocian la integridad con la honestidad. El trato franco y ético no sólo es lo justo, sino que es crucial. Sin embargo, para mí la integridad es mucho más que esto. Por ejemplo, tengo un número de clientes que son bien conocidos en los ámbitos del teatro, las películas o el diseño de moda. Nunca me he sentido cómoda con la idea de publicar el trabajo que he desarrollado con ellos porque su privacidad es mucho más importante que el valor de que mi nombre quede relacionado con ellos. Sí, ha habido ocasiones en las cuales un reportero ha vinculado mi nombre con el de uno de estas personas, pero nunca ha sido ni será porque yo lo haya estimulado.

Además, cuando contrato a alguien, busco al tipo de persona que traiga esa misma actitud a nuestra relación de trabajo; mis empleados deben trabajar con nuestros clientes tal como lo haría yo, de modo que los clientes se sientan igual de cómodos con ellos. Ciertamente deseo que mis empleados incorporen su propio estilo y creatividad a lo que hacen, pero nuestro trabajo y cómo lo llevamos a cabo tienen que ver con diseñar una relación vivaz, interesante y duradera con cada uno de nuestros clientes.

Si bien se necesita trabajo tenaz, disposición y capacidad financiera para esperar hasta que el negocio crezca, especialmente en la parte comercial, y ecuanimidad ilimitada, los bienes raíces ofrecen una carrera llena de recompensas.

SEA OBJETIVO, SEA REALISTA; SIEMPRE DEJE ALGO EN LA MESA DE OFERTAS

JORGE PÉREZ

Jorge Pérez es fundador, presidente y director ejecutivo de *The Related Group of Florida*, empresa constructora líder de condominios de lujo, la compañía de mayor tamaño que pertenece a un hispano en los Estados Unidos.

Nunca contraiga «matrimonio emocional» con el trato de bienes raíces. Mantenga su objetividad, haga todos los análisis, y si no generara las ganancias económicas que usted necesita, déjelo a un lado. No dé vuelta atrás.

En los bienes raíces, y en la vida en general, un trato nunca es tan bueno como lo parece, ni tampoco tan malo como lo parece. Mantenga sus expectativas ajustadas con la realidad.

Siempre deje algo en la mesa de ofertas.

¡DEJE DE HABLAR
Y HÁGALO!

DAVID PICERNE

David Picerne es director ejecutivo de *Picerne Real Estate Group*,
empresa proveedora de residencias de alta calidad en todos los
Estados Unidos y Puerto Rico.

Todos hablan de tener visión. Para mí, la clave es la implementación. Arme un equipo al que formen personas brillantes, trabajadoras y ¡manos a la obra!

NO PERMITA QUE EL MERCADO LO CONTROLE

Robin E. Prescod

Robin E. Prescod es socio administrativo de *Harlem Homes, Inc.*

El mejor consejo de bienes raíces que he recibido provino de mi propia experiencia: no permita que el mercado controle el trato; invierta la escena de modo que su transacción sea agente creadora del mercado.

Tengo un cliente que es propietario de una propiedad única en Harlem: una casa tipo «Brownstone» de cuatro pisos con techos altos, diez habitaciones, un comedor formal y seis chimeneas. A diferencia de la mayoría de las casas tipo «Brownstone» de Harlem, que sólo tienen fachadas al norte y al sur, ésta se encuentra en un patio, de modo que en realidad tiene tres fachadas y una entrada para autos privada que admite tres vehículos; está en la calle Strivers, un nombre que data del primer renacimiento de Harlem en la década del veinte, cuando doctores, abogados y músicos adinerados vivían allí.

Mi cliente observó que muchas personas iban a Harlem, compraban propiedades, hacían algo de renovación y luego las vendían por $2 millones. Pero esas casas no tenían el ambiente y distinción de esta casa histórica; así que decidí ofrecérsela en venta a personas célebres que tuvieran ese tipo de deseo y necesitaran el tipo de vivienda exclusiva con privacidad: podrían conducir su limosina por la entrada privada y entrar a la casa por la puerta trasera. La ofrecí en la revista *Billboard* y en periódicos de bienes raíces de lujo para atraer a estrellas de la industria de la música o del deporte.

Está a la venta por $2,7 millones y la venderemos porque Harlem continúa siendo en esta ciudad el sector residencial preferido.

APRENDA A RECONOCER LO VALIOSO

BILL RANCIC

Bill Rancic fue el primer ganador del programa de televisión *The Apprentice* (El aprendiz), de Donald Trump. Es cofundador de *Cigars Around the World* y autor de *You're Hired: How to Succeed in Business and Life from the Winner of The Apprentice* (Estás contratado: cómo tener éxito en los negocios y en la vida, por el ganador de The Apprentice).

He pasado los últimos dos años trabajando con el Sr. Trump como su aprendiz, y he sido muy afortunado porque él me ha tomado a su cuidado, me ha presentado sus estrategias y formas de trabajo en bienes raíces.

Uno de los proyectos que me han ocupado es el *Trump International Hotel and Tower* en Chicago. Una característica de Donald Trump es que es capaz de reconocer algo valioso y también de crear algo valioso. Creo que ésa es la clave del éxito en bienes raíces; un ejemplo claro de ello es el proyecto en Chicago, ya que él fue capaz de examinar el sitio, el cual pudo comprar a muy buen precio: un edificio de ocho pisos que le serviría para crear algo valioso. Ahora está edificando un edificio de noventa y dos pisos en ese terreno.

No sólo es Donald Trump capaz de crear algo valioso, sino también de pensar en grande. Muchas personas no logran el éxito porque no piensan en grande. Para Donald Trump, obviamente, esto nunca ha sido un problema. Es capaz de hacerlo. Siempre habrá personas que duden y que digan que no se puede, pero él es un hombre que no se da por vencido.

COMPRE TERRENOS Y GUÁRDELOS, PERO PRIMERO REALICE LAS INVESTIGACIONES CORRESPONDIENTES

HENRY ROBBINS

Henry Robbins es socio de *Yale Robbins, Inc.*,
una empresa publicista de bienes raíces.

Nos metimos en este juego hace treinta años, cuando mi hermano Yale decidió formar una empresa de consultoría inmobiliaria; puesto que había sido un corredor de bienes raíces exitoso, Yale reconoció que en particular no le gustaba tener que jugar, constantemente, entradas extra. Recibiría asignaciones de constructores que necesitaban estudios de factibilidad para algún sitio específico. En ese entonces cambiamos nuestro enfoque, de modo que en lugar de que se nos pagara una sola vez por analizar una situación particular, creamos un servicio que brindaba información profunda que era útil para muchas personas; cobramos una tarifa más baja por cliente, pero tenemos muchos clientes más. Eventualmente incluimos los bienes raíces comerciales al igual que los residenciales y desarrollamos nuevos mecanismos de entrega, primero impresos y luego electrónicos.

En 1976 nuestra empresa fue pionera por desarrollar un servicio de suscripción que suministraba análisis de bienes raíces residenciales a razón de dólares por pie cuadrado, en lugar de dólares por habitación;

actualmente todos los inmuebles se valúan a razón de dólares por pie cuadrado. Nuestra filosofía era sencilla: ofrecer a un costo razonable mucha información de una sola vez. Así fue como nos convertimos en una empresa de ladrillos y clic de ratón.

He visto a muchos desarrolladores de proyectos ir y venir. También he observado que hay dos tipos de personas que ganan mucho en el juego inmobiliario: los que son buenos y los que son afortunados. A veces hay que ser ambos. Pero los verdaderos jugadores pesados tienen una especie de sexto sentido, pueden ver el potencial de una propiedad mucho antes que los demás. La belleza depende del que mira, y esto también se aplica a los bienes raíces. Vez tras vez escuchamos: «Está loco ¿cómo se le ocurre pagar tanto por esa propiedad? Va a perderlo todo». Cinco años después, ese desarrollador de proyectos que pagó «demasiado» lleva el dinero al banco, mucho dinero.

Ese tipo de visión realmente no puede aprenderse ni comprarse, tal como no es posible comprar habilidad atlética; no todos podemos ser Michael Jordan o Donald Trump. Si la tienes, la tienes, y adquieres ventaja en el juego desde el principio.

Por otro lado, es cierto que cualquiera que haya comprado propiedades hace diez años en la ciudad de Nueva York, básicamente no podía equivocarse; por lo cual mi consejo es que compre terreno y guárdelo, compre una propiedad y sencillamente espere unos cinco años. Vez tras vez he visto al propietario sacar mayor ganancias que al constructor, y con menos dolores de cabeza, o riesgos.

Por supuesto, los bienes raíces operan en un mercado local. Lo que funciona en Broadway no funciona en Virginia Occidental, lo que aprenda de una llamada telefónica de una oficina nacional en alguna parte no funciona en todas partes. Hay que tener soldados de trinchera, y buenos, que sepan lo que está sucediendo en las zonas que está considerando. Publicamos información de bienes raíces en diez estados, y para personas con diferentes puntos de vista y actitudes.

No obstante, una cosa que es bastante universal es que el mercado comercial impulsa al mercado residencial. Un mercado comercial saludable significa que hay más empleo, y esas personas entonces pueden comprar más casas; pero hay fuerzas diferentes que impulsan al mercado en momentos diferentes y lugares diferentes. Mantenernos al día en el juego de la información es lo que alimenta la visión que mencioné anteriormente. Aun las personas que describimos como afortunadas no llegan allí sin antes informarse debidamente.

OCHO REGLAS PARA EL ÉXITO EN BIENES RAÍCES

PHIL RUFFIN

Phil Ruffin es director ejecutivo y propietario de *Ruffin Companies*, un grupo que incluye empresas varias de bienes raíces, alojamiento, fabricación, energía y ventas.

1. Una vez que un vendedor ha firmado un contrato, aun con contingencias, esa persona mentalmente ha vendido la propiedad. Cuando el contrato se firmó, existen formas de renegociar el trato: mencione su letanía de problemas: medio ambiente, problemas con el techo, calefacción y aire acondicionado, etc. Ofrezca un precio nuevo y más bajo de la propiedad tal cual. Uno siempre puede regresar a la oferta original.

2. Vaya donde se encuentra el dinero; juegue solamente en esos mercados.

3. Venda únicamente si necesita el dinero. La propiedad que está vendiendo vale más que el dinero.

4. Al renegociar, recuerde la pausa. Siempre titubee en los puntos clave, la otra parte detestará el silencio y pensará que está resistiéndose; espere a que la otra persona hable y ceda.

5. No compre una propiedad sólo porque está barata. Es mejor jugar en el extremo superior del mercado (ubicaciones de primera). Las propiedades más baratas no le darán las ganancias que usted está

buscando; las propiedades de primera, aun a los precios del mercado de hoy, parecerán baratas en un par de años.

6. Los vendedores frecuentemente traen papel (vale la pena el intento).

7. Asegúrese de tener una propiedad que desee comprar (y del precio de ésta) antes de efectuar un canje tipo 1031. De lo contrario, probablemente quedará con una propiedad que no desea.

8. Hágase socio de Trump, si puede. Ese nombre impulsa el negocio como ningún otro.

PERICIA EN VENTAS, ESPÍRITU EMPRENDEDOR Y AÑOS DE EXPERIENCIA

PETER SABESAN

Peter Sabesan es director ejecutivo de
The Hunter Realty Organization, LLC.

La pericia en ventas, el espíritu de empresa y los años de experiencia son tres piezas del pastel cuando se trata del éxito en bienes raíces, a mi manera de ver.

Los bienes raíces tienen que ver con las ventas y, aunque una gran parte de las ventas es la personalidad, también involucra el desarrollo de ciertas habilidades importantes; por ejemplo, mi padre me enseñó hace mucho tiempo que es crucial saber cuándo dejar de hablar y escuchar a alguien. Los más o menos veinte vendedores que trabajan para nosotros me escuchan decir esto una y otra vez.

Cada propietario es diferente; cada inquilino es diferente. No es posible persuadir a una persona que está convencida de que quiere vivir en el lado occidental de Manhattan que busque casa en el lado oriental si desconoce el porqué de esa decisión. Más importante aún, puede perder el trato si se pone a hablar de las magníficas propiedades del lado oriental porque no se ha detenido a escuchar por qué esta persona está mirando al oeste.

Otro elemento crucial es el espíritu de empresa. Mi socio y yo fundamos nuestra empresa para crear un flujo de ingresos mientras decidíamos con qué firma trabajaríamos a continuación. Ya teníamos dos décadas de experiencia y sabíamos que no había nada más difícil de vender que bienes raíces comerciales. Éste es un negocio de ciclos de abundancia y escasez. Las firmas grandes y productivas básicamente tienen los grandes mercados metropolitanos capturados. Eso fue hace diez años y hemos prosperado con una empresa pequeña que se enfoca exclusivamente en Nueva York.

Sin embargo, de ninguna manera desacreditaríamos a las firmas grandes. De hecho, si una persona que apenas está entrando en este negocio me pregunta cómo proceder, le diría que empezar por sí solo sería un error. Vaya y aprenda de los profesionales. Pero cuando uno ya está metido en el negocio, aproveche lo que usted aporta a la mesa de negociaciones y que lo distingue de los demás.

Cuando negociamos, por ejemplo, dejamos muy claro que todas las transacciones que nuestros clientes tengan con nosotros incluirán a un socio; las personas que se presentan para la primera reunión son las mismas que se presentan en la quinta. En las firmas grandes, ése no es el procedimiento, y esto es lo que nos distingue.

Recientemente atendimos a un cliente al que le habían dicho que debido al fortalecimiento del mercado, debía aumentar sus alquileres más allá de lo que había convenido; nos llamó y nos reunimos con él. No enviamos a un vendedor, aunque tenemos vendedores magníficos que son verdaderos tigres al momento de negociar. Reforzamos el hecho de que tenemos experiencia suficiente para que él pudiera depender de ella, y estuvo de acuerdo con mantener su decisión anterior.

NUNCA PIERDA LA PACIENCIA

HENRY SAVAGE

Henry Savage es fundador y presidente de *PMC Mortgage Corporation*, una empresa de préstamos hipotecarios residenciales y corredores de bienes raíces, y columnista de Realtytimes.com y de *Friday Home Guide* (Guía de residencias de los viernes), del *Washington Times*.

Con el paso del tiempo, los bienes raíces han demostrado ser una buena inversión, pero es un juego de paciencia. La apreciación natural no es cosa garantizada, especialmente a corto plazo; la creación de valor a través de las mejoras o renovaciones puede postergarse en caso de una baja en el mercado.

Existe una gran verdad en el dicho: «Cuanto mayor es el boom, tanto mayor es el desencanto». Esto es algo que debe recordarse para los que están subiéndose al tren de bienes raíces, que anticipan doblar su dinero en doce meses. Mantenga sus costos bajo control, asegúrese de tener resistencia para perdurar. Los ciclos suceden.

MANTENGA UNA
ACTITUD OPTIMISTA

Ronda Savoy

Ronda Savoy es propietaria de *Ronda Savoy Realty, Inc.*, una firma de bienes raíces cuya especialidad es Brownstone Brooklyn. Es miembro del Consejo de Bienes Raíces de Nueva York.

Cuando recibí mi capacitación inicial de ventas y comercialización, nos enseñaron un par de mantras que nos ayudarían a mantener una actitud mental positiva en todo momento mientras trabajábamos con potenciales compradores de casas durante la presentación de venta.

Una de ellas era «Hora del espectáculo». Usábamos esta frase cuando un agente tenía a un cliente en la zona de espera, y tal vez ese agente había estado tratando con una situación negativa en la sala anterior. Antes de saludar a este cliente, el equipo de ventas haría un: uno, dos, cambio de paso, cambio de bola y diría: «Hora del espectáculo», y en un santiamén el vendedor estaría saludando al potencial comprador con una sonrisa en el rostro y un cambio de actitud.

Ahora, ¿a quién realmente le gusta llamar a desconocidos y trabajar con el teléfono todo el día? Se puede notar la diferencia cuando el interlocutor tiene una actitud negativa o positiva. Para mantener una sonrisa en las voces de sus vendedores cuando llega el momento de perseverar, utilice aeróbicos telefónicos. Por ejemplo:

Uno, dos,
marca y marca,
y sonríe y sonríe,

y marca y marca,
y sonríe y sonríe

Poner un enfoque positivo a cada paso que damos para cerrar un trato es el mejor consejo que he recibido.

TRES PASOS PARA TENER
CLIENTES SATISFECHOS

STEPHEN SHAPIRO

Stephen Shapiro es cofundador de *Westside Estate Agency*, una firma de corredores de bienes raíces que vende casas en el lado occidental de Los Ángeles y se jacta de tener los precios de venta promedio más altos por cada trato de cualquier empresa en la nación.

He tenido la buena fortuna de trabajar con algunos de los ejecutivos de negocios e individuos adinerados más influyentes del mundo. Parte de mi éxito se ha debido a absorber lo que he escuchado de estas personas.

1. Devuelva las llamadas cuanto antes. Una de las lecciones más importantes que aprendí y que he practicado por muchos años me la enseñó Kirk Kerkorkian. Él me llamaba personalmente por teléfono, no le pedía a una secretaria que marcara su llamada; durante nuestra búsqueda de bienes raíces el Sr. Kerkorkian me comunicó la importancia de responder a sus clientes en menos de una hora luego de que ellos hubieran llamado. Llámelos o pídale a su secretaria que los llame y les diga que el Sr. Shapiro los llamará a tal hora y pregunte si van a estar disponibles. El cliente entonces sabe que usted está pendiente de la situación y que está prestando atención.

2. Concéntrese en el cliente. La siguiente lección clave es reconocer que, como agente, su negocio es servir. Usted trabaja para el cliente y su éxito depende completamente de satisfacerlo; así que como agente debe reconocer que nunca es más importante que el cliente, no importa el grado de éxito que haya logrado.

3. Proteja al comprador. He aprendido que cuando represento a un comprador, es crítico comunicarle que siempre es más fácil romper un trato que perder una propiedad que le encanta a otro comprador. Cuando usted permite que un comprador pierda una oportunidad ante otro comprador, el cliente siempre culpa al agente por no haber podido asegurar el trato.

SIETE PASOS PARA EL ÉXITO

MICHAEL SHVO

Michael Shvo, a quien la revista New York nombró «el corredor de bienes raíces joven más exitoso de Nueva York», es fundador de *Shvo Group*, cuya lista incluye las mejores propiedades de lujo de Nueva York.

1. Controle la codicia. La codicia y los bienes raíces son dos cosas que van juntas. Hay mucho dinero que ganar; al comercializar proyectos, siempre tengo que controlar la codicia de los demás. El mejor consejo que he recibido en ese sentido es no siempre tratar de recoger el último centavo de la mesa; asegúrese de que las personas de quienes está comprando también ganen dinero, de lo contrario, éstas no le comprarán en el futuro.

2. Desarrolle un producto único. En la parte de mercadeo, y éste no es consejo que he recibido sino que he dado, no nade en el sentido de la corriente; trate de ir en contra de ella. Si está desarrollando un proyecto único y diferente, digamos un edificio Trump, ese edificio siempre se venderá más rápido y a mejor precio que ningún otro. Si usted construye lo que todos construyen, una vez que haya una cantidad suficiente de productos en el mercado, en lo único en lo que podrá competir será en el precio. Usted no quiere competir en precios. Siempre se compite en productos.

3. Tome en cuenta el producto y el precio. Todos le dirán que lo único que vale es la ubicación, pero eso no es lo único. También hay que considerar la forma en la cual se construye en la ubicación. La gente dice: ubicación, ubicación y ubicación, pero yo digo: ubicación, producto, precio.

4. No se exceda en la venta. Una vez que una persona dice que quiere comprarle el apartamento o que hay un trato hecho, deje de hablar del asunto. Hable de cualquier otra cosa, hable del estado del tiempo, de dónde fue a cenar anoche. La mayoría de las personas aniquila su propia transacción por hablar demasiado.

5. Cierre los tratos antes de los fines de semana festivos. Más tratos mueren sobre un fin de semana festivo que en ningún otro momento; en las fiestas del Día de Acción de Gracias o Navidad, por ejemplo, si tiene un trato que todavía no se firmó o solidificó, probablemente tiene un 50% de probabilidades de perderlo. Las personas van a visitar a sus familias y comentan: «Bueno, estoy comprando este edificio», o «Estoy comprando este apartamento», y alguien responde: «¿Estás loco? Estás pagando demasiado». Siempre sucede. Así que nunca deje un trato abierto, no solidificado o que no se firmó antes de un fin de semana festivo.

6. Tome en cuenta los cambios. Una cosa en la que siempre he creído es que sólo porque todos hacen alguna cosa no significa que ésa es la forma correcta de hacerla. Todas las industrias evolucionan, pero el negocio de bienes raíces no ha evolucionado en veinte o treinta años, especialmente en el área de comercialización. Todos abren una oficina de ventas e imprimen un panfleto con un diagrama de planta; todo se ve igual.

7. Distíngase. Recibí un consejo cómico de Donald. Mi apellido es Shvo; cuando inauguré mi empresa, lo vi esa misma semana y me preguntó:

—¿Con qué nombre bautizaste tu empresa?

—Shvo —le dije.

— Ése es un nombre difícil de pronunciar —me respondió—; ¿pero sabes qué?, todos van a recordarlo.

PROCEDA CON PASIÓN Y ¡CON INTEGRIDAD!

Larry Silverstein

Larry Silverstein es presidente y director ejecutivo de *Silverstein Properties, Inc.*, empresa que controla el sitio del *World Trade Center*, y está planificando la reconstrucción del espacio comercial; es fundador y director ejecutivo emérito del Instituto de Bienes Raíces de la Universidad de Nueva York.

Lo que haga en la vida merece hacerse de todo corazón, con lo mejor de su capacidad y con una pasión genuina que lo conduzca a la realización. La integridad absoluta es la norma por la cual deberá guiarse en todas sus empresas.

Su reputación es su posesión más genuina. Debe ganársela; no es posible comprarla. Toma toda una vida crear una reputación, pero un solo acto irresponsable puede destruirla. Mi padre una vez me aconsejó: «Si no puedes publicar algo que hiciste en letra grande en la primera plana del *New York Times* porque te abochornaría, ¡no lo hagas!»

Y al tratar con personas, trátelas tal como desearía que ellas lo trataran.

SAQUE SU GANANCIA Y SIGA ADELANTE

Rand Sperry

Rand Sperry es director ejecutivo de *Sperry Van Ness Equities and Asset Management*, la cual es propietaria y administradora de espacios de ventas, oficinas e industriales en California del Sur. También es cofundador de la firma de corredores de bienes raíces comerciales y de inversión *Sperry Van Ness*.

No es posible irse a la bancarrota si obtiene ganancias.

Este consejo significa que con demasiada frecuencia nosotros (los directivos) compramos un edificio al precio correcto y en el momento correcto. El precio sube, sube y sube. Las ofertas empiezan a llegar mucho más allá de nuestras expectativas, pero seguimos diciendo: «No». Nos tornamos tan codiciosos que perseguimos el mercado hasta la cima, y cuando el mercado empieza a declinar lo perseguimos hasta el fondo. Obviamente, en el momento en que el mercado empieza su descenso (y en algún punto lo hace), ¡ya es demasiado tarde! Para cuando logramos vender la propiedad, vale menos de lo que pagamos por ella. Así que mi punto es que una vez que hemos obtenido la ganancia que habíamos proyectado desde un principio, tome su ganancia y siga adelante. No mire atrás; continúe adelante, al trato siguiente. Tome sus ganancias cuando surja la oportunidad, o podría irse a la bancarrota esperando esa gran ganancia.

CONOZCA SU MERCADO

NORMAN STURNER

Norman Sturner es director de *Murray Hill Properties.*

¿Cuál es el mejor consejo de bienes raíces que he recibido? Antes de contarle ese secreto, permítame relatarle la historia que me condujo al mejor consejo.

Hace dieciséis años nos ofrecieron un buen precio para la compra de un hotel en los terrenos del aeropuerto de Denver. Éramos conscientes del adagio que dice que si algo parece ser demasiado bueno para ser cierto, probablemente lo es. Sin embargo, no queríamos dejar pasar una ganga, así que nos dirigimos a Denver.

Contratamos arquitectos, ingenieros y consultores y por tres días llevamos a cabo nuestras investigaciones para poder determinar por qué nosotros, siendo neoyorquinos, habíamos sido tan afortunados de que se nos ofreciera este buen hotel en el oeste a tan magnífico precio. Después de examinar cada rincón y rendija, decididamente nos pareció que habíamos encontrado una verdadera ganga por un edificio en buena estado y con condiciones económicas favorables. Además, el hotel permanecía el 95% ocupado los doce meses del año.

Mi socio y yo nos estábamos felicitándonos uno al otro con un brindis en la barra del hotel mientras esperábamos nuestro avión de regreso a casa para iniciar las negociaciones de adquisición, cuando el cantinero se nos acercó y nos preguntó si nosotros éramos las personas de Nueva York que íbamos a comprar el hotel. Le dijimos que lo éramos, y entonces nos preguntó qué planeábamos hacer con el hotel luego del traslado del aeropuerto de Denver a Stapleton, el año siguiente.

Nos tomó sólo un instante reconocer por qué el precio era tal ganga. Le dimos las gracias al cantinero y le dejamos una propina generosa sin reconocer que ignorábamos ese dato. Luego abordamos el avión y nos fuimos a casa.

El mejor consejo que he recibido y guardado en los últimos treinta y cinco años es éste: «Conozca su mercado antes de invertir».

TRABAJE DURO Y SEA PERSISTENTE

84

Robert E. Sulentic

Robert E. Sulentic es presidente de la junta y director ejecutivo de *Trammell Crow Company*.

Trabaje duro, cumpla con lo que promete y recuerde que la gente con la cual tiene contacto en la industria tiende a regresar. Éste es un resumen de consejos que recibí en repetidas ocasiones de dos o tres personas cuando empecé a trabajar con Trammell Crow Company.

Trabaje duro

La experiencia demuestra que si está haciendo un trato con un inversionista o cliente, es muy importante formular un plan y trabajar arduamente para ejecutarlo. Si las cosas no salen como lo deseaba pero ha trabajado de manera tenaz, según su plan, la otra parte probablemente le dará una segunda oportunidad. Más importante aún, si las cosas salen bien, el resultado es sumamente poderoso.

Cumpla lo que promete

Aprendí la importancia de esto cuando trabajé en una de nuestras oficinas locales y nuestro equipo acostumbraba fijar las prioridades del negocio. Teníamos cuidado al formular los objetivos correctos y manteníamos el compromiso de lograr los objetivos que nos propusiéramos. Esta perspectiva nos proporcionó la disciplina de mantener la dirección hacia las cosas más importantes. De hecho, el mantenerse enfocado y en el rumbo correcto es la única manera en que se logran los objetivos, de lo contrario se desperdicia tiempo y energía con esfuerzos inútiles que resultan infructuosos y no se obtiene beneficio del trabajo arduo.

LA GENTE TIENDE A REGRESAR

Con los años hemos tenido muchos recordatorios de que siempre es buena idea mantener relaciones positivas con las personas que conocemos en la industria. Por ejemplo, algunos antiguos empleados de *Trammel Crow Company* posteriormente se presentaron ante la empresa como clientes. Habían ido de una compañía a otra hasta que decidieron contratarnos nuevamente. Incluso hay personas que antes trabajaban para nuestros competidores y terminaron colaborando en nuestra firma.

COMPROMÉTASE A SER GANADOR

STEFAN SWANEPOEL

Stefan Swanepoel es presidente de la junta y director ejecutivo de *RealtyU® Group, Inc.*, la institución más grande de desarrollo de carreras del país que forma a más de cuatrocientos mil profesionales de bienes raíces anualmente, y autor de *Real Estate Confronts Reality* (Los bienes raíces enfrentan la realidad) y su continuación, *Real Estate Confronts the Future* (Los bienes raíces enfrentan el futuro).

Mi padre una vez me dijo: «Los negocios son como el ajedrez. El tablero de juego es el mundo y todas sus alternativas; las fichas de juego representan a la sociedad y la gente; las reglas del ajedrez son como las leyes de los negocios y tu competidor representa los desafíos que debes vencer para lograr tus metas».

Si usted es un jugador débil en cualquier deporte, usualmente no representa desafío alguno para un jugador profesional. El ajedrez, los negocios y los bienes raíces no son la excepción a esta regla. Sin embargo, en los negocios, casi todos piensan que son mejores que los profesionales. Ser el mejor, ya sea en los deportes o en los negocios, requiere mucho más compromiso que sólo presentarse a jugar; requiere la adquisición de habilidades, que hay que practicar y mejorar con el paso del tiempo.

Por ejemplo, si usted es un jugador promedio de ajedrez, tal vez estará pensando acerca de la movida que está a punto de hacer, o quizás una o dos movidas posteriores. Sin embargo, un campeón de ajedrez planifica cinco, seis o hasta siete movidas futuras, considerando situaciones alternativas, visualizando ubicaciones posibles de diversas piezas, anticipando las movidas posibles que usted haría y su respuesta a ellas, aun antes de que usted haya movido.

NO CUENTE CON LA SUERTE

Por supuesto que la suerte algunas veces cambia la marea a nuestro favor, y ha creado una buena cantidad de millonarios en este negocio, en ciertas ocasiones a pesar de sí mismos. Pero ésa no es la norma. La dura verdad es que el éxito es resultado de una forma sólida de pensar, de la evaluación de alternativas, de la anticipación, identificación y cuantificación de obstáculos, del desarrollo y organización de prioridades, de la creación de estrategias y de la decisión al momento de la ejecución.

TENGA UNA ESTRATEGIA FIRME

En bienes raíces, como en el ajedrez, todo depende de la estrategia, y ésta requiere planificación; hay que pensar conscientemente acerca de su plan. Una estrategia firme ayuda a coordinar sus movidas, sus acciones, su defensa y su ataque. Y no basta con tener un solo plan, se necesitan muchos, con por lo menos una o dos opciones en caso de contingencia.

En negocios, bienes raíces y la vida misma, la óptima planificación ahorra dinero, tiempo y esfuerzo; además, brinda las mejores probabilidades de tener un excelente resultado. A largo plazo, el efecto de un plan de negocios bien pensado y bien conceptualizado es un avance progresivo y positivo, sin importar las condiciones del entorno de los negocios. Una falla en la planificación frecuentemente detona malos resultados.

Priorice las tareas

Una necesidad absoluta en la planificación es dividir los eventos y tareas grandes en otros más pequeños. Después identifique y priorice entre las tareas urgentes y las importantes, entre los eventos de mayor y de menor preocupación. Sólo entonces estará listo para decidir cuáles fichas mover, dónde y cuándo hacerlo.

En el ajedrez, el juego no termina hasta que uno obtenga un jaque mate o el oponente se dé por vencido, que probablemente no sucederá a menos que usted constantemente administre y revise su plan. Las cosas pueden cambiar dramáticamente en una sola movida, y para ganar, especialmente contra un contrincante feroz, se requiere un análisis constante de las situaciones y la ejecución hábil de los cambios de plan que se requieran.

Conozca las reglas del juego

Casi todos están de acuerdo de que no es posible ganar un juego si se desconocen sus reglas. Los bienes raíces tienen su buena cantidad de reglas y matices, es una industria extremadamente compleja. Para la persona común, una transacción de bienes raíces representa el trato financiero más caro y complicado de su vida. Los riesgos son altos y uno no puede darse el lujo de participar sin comprender todas las alternativas.

Analice los puntos fuertes y débiles

Si su negocio de bienes raíces no produce el éxito que usted había planificado, su única alternativa es dar un paso atrás y analizarlo, averigüe por qué. Si su negocio está proporcionándole éxito, también dé un paso atrás y analícelo: averigüe por qué.

Examine los puntos fuertes y débiles de su empresa, repase su visión y enfoque; evalúe sus objetivos y confirme los resultados que desea obtener. Entonces, y sólo entonces, efectúe una evaluación de la realidad y haga los ajustes necesarios. También es preciso conocer a los miembros de su equipo, deberá comprender íntimamente sus habilidades y atributos para poder utilizar a todos los miembros de su equipo según su potencial.

En pocas palabras, aproveche al máximo lo que tiene.

Manténgase a la vanguardia

Cuando un campeón de ajedrez juega, la posibilidad del azar queda prácticamente eliminada. El ajedrez tiene que ver con estrategia, táctica, concentración y ejecución; para tener éxito, no hay que conocer todas las movidas ni todas las respuestas, sólo se necesita permanecer con un paso o dos de ventaja respecto del contrincante. En el negocio inmobiliario también hay que permanecer con uno o dos pasos de ventaja respecto del mercado.

Mantenga el rumbo

Los buenos planes fracasan porque las personas no se enfocan ni ejecutan sus planes; frecuentemente se distraen, titubean, pierden enfoque, interés o sencillamente se les olvida. La buena posición no es lo que gana los juegos. En lugar de ello, los juegos se ganan al efectuar buenas movidas, correcta y apropiadamente.

Para tener éxito hay que mantenerse en el rumbo, empujando con determinación, tenacidad y persistencia. Mantenga los ojos en los objetivos a largo plazo y también en las prioridades inmediatas. La ejecución hábil consiste en hacer la movida ganadora cuando más la necesita, sin la constante evaluación y reevaluación de las circunstancias que rodean al juego, la oportunidad breve de hacer esa movida podría pasarle desapercibida en medio de la confusión y el caos.

En el mundo del ajedrez y en el de los bienes raíces, todo depende de la planificación, compromiso y ejecución.

NO JUZGUE AL LIBRO POR SU PORTADA

EMILY TANNEN

Emily Tannen es directora de *Ventas y Mercadeo*, vicepresidente corporativa de *A. J. Clarke Real Estate Corporation* y miembro del Consejo de Bienes Raíces de Nueva York.

En la década del sesenta, el fundador de mi empresa, Alexander J. Clarke, y su hijo adolescente estaban trabajando en el jardín de su hacienda en Nueva Jersey, cuando A. J. observó en su cochera que su *Cadillac* había dejado atrás sus mejores días. «Ven, hijo, vamos», le señaló. Aún vestidos con sus ropas de jardinería, fueron al concesionario más cercano de *Cadillac*. Nadie les prestó atención. Después de un rato de estar en la sala de exhibición, el padre con su hijo se dirigieron al concesionario del pueblo vecino. Allí un vendedor los recibió con el saludo: «Buenas tardes, caballeros. ¿En qué puedo servirlos?» El vendedor les vendió un *Cadillac* nuevo, que pagaron en efectivo.

Claramente la moraleja es que no debemos juzgar un libro por su portada. Lo he visto una y otra vez durante años. El cliente que viste el traje Armani y parecería oler a dinero no tiene dos monedas a su nombre, pero el que usted imaginaría que no tiene ni para pagarse la cena resulta ser un multimillonario. Es absolutamente imposible para el corredor de bienes raíces adivinar quién es real y quién no lo es sólo por juzgar la apariencia de una persona; por lo tanto, es imperativo para los profesionales de bienes inmuebles tratar a todos los clientes y potenciales clientes con el mismo respeto. Algunos tratos se logran, otros no, pero de este modo el corredor no sale perdiendo.

ESCOJA DÓNDE QUIERE VIVIR

Ubicación, ubicación y ubicación. Cielos, ¿a quién se le ocurrió eso? Pero sabe, es cierto. Primero escoja dónde quiere vivir, todo lo demás es secundario. En 1998, mi esposo y yo estábamos buscando una casa en Woodstock para alquilarla por un fin de semana; vimos muchas casas de diversos precios, algunas eran preciosas, amplias, con un diseño muy bello. El presupuesto que teníamos contemplado empezó a aumentar gradualmente, no obstante, nada de lo que vimos nos cautivó y no estábamos seguros por qué. Eventualmente nuestro corredor nos llevó a una casa ubicada en una ladera, en una calle sumamente privada en el lado norte de la montaña, orientada al sur, con sol y vistas que parecían interminables. Mi esposo salió al balcón, admiró la vista, luego se dirigió al corredor y le preguntó: «Esta casa, ¿está a la venta?» De camino a casa, me preguntó cuántas recámaras y baños tenía la casa... Realmente no importaba, porque él se había enamorado de la ubicación. Por supuesto, la compramos.

EN CASO DE DUDA, COMPRE

El mejor consejo de bienes raíces que he recibido es «compra». En caso de duda, compra.

Pero no especule a menos que esté absolutamente seguro de que la tendencia irá en aumento, aumento y aumento. En un mercado que declina, o que aun es algo inestable, los especuladores pueden salir perdiendo. Por ejemplo, si alguien compra a precio de preconstrucción esperando vender a precios de mercado cuando la propiedad se haya construido, y durante ese período el mercado declina, el especulador podría verse en la obligación de vender con pérdida. Si el especulador necesita invertir más dinero del que tiene o del que el banco está dispuesto a prestarle, perderá dinero. Si el mercado declina y se ve en situación de vender por cualquier motivo, perderá dinero.

Pero el comprador que compra para sí casi siempre sale ganando. Si vende en un mercado en declinación, obtendrá menos; sin embargo, la propiedad que compre le costará menos, así que eso nivela las cosas. Si vende en un mercado en alza, obtendrá más; sin embargo, lo que compre con las ganancias también le costará más, en proporción. No hay lado negativo. Absolutamente no se puede perder.

La lección es: compre. Si no tiene suficiente dinero, pídalo prestado; no permita que la oportunidad pase. Hágalo. Nunca se arrepentirá.

TRES LECCIONES QUE APRENDÍ DE MI PADRE

Robert S. Taubman

Robert S. Taubman es director de la junta ejecutiva, presidente
y director ejecutivo de *Taubman Centers, Inc.*, firma principal
de construcción y administración de propiedades comerciales
grandes. Taubman ha estado a la cabeza de *Taubman Centers*,
consorcio de inversiones en bienes raíces, desde su cotización
inicial en la Bolsa de Valores, en 1992.

Debido a que crecí en una familia involucrada en bienes raíces, recibí muchos consejos, solicitados y no, de mi padre, Alfred Taubman. Si bien podría llenar un libro con la sabiduría que me legó, hay tres lecciones que fueron particularmente importantes para mí.

Primero, olvídese del viejo adagio que reza que las tres cosas más importantes en bienes raíces son ubicación, ubicación y ubicación. En bienes inmuebles en particular, usted hace su propia ubicación. Es seguro que tener un sitio accesible en el corazón de una región de gran afluencia es significativo, pero la ubicación de un centro comercial se torna dominante en un mercado en virtud de sus tiendas principales, combinación de mercancías, diseño, administración y comercialización. En el negocio de los centros comerciales, dónde queda pasa a segundo plano en comparación con qué y quién es, además de cómo

215

se mantiene vigente e importante para sus clientes con el paso del tiempo.

En segundo lugar, comprenda que existe una fuerza poderosa que llamamos *resistencia de umbral* y siempre se encuentra presente entre usted y su cliente. Todo lo que hacemos para desarrollar y operar nuestros centros comerciales se diseña para derribar las barreras e inconvenientes que impiden que los compradores acudan regularmente a nuestras propiedades y que, en última instancia, crucen los umbrales de las puertas de nuestros establecimientos de venta. Hay mil razones por las cuales los clientes se dirigirán a lugares diferentes que a su propiedad. Usted tiene que ofrecerles por lo menos mil y una razones por las cuales deben ir a usted.

En tercer lugar, nunca se aburra de su negocio. La energía, pasión y pericia de un desarrollador de bienes raíces no se transfieren automáticamente a otros campos y empresa. Mantenerse dedicado a lo que conoce le mantendrá fuera de problemas y le asegurará que su negocio reciba la atención y los recursos que merece. Además, los bienes raíces lo han enriquecido, y si se manejan correctamente, nunca deberían aburrirlo.

CONFIANZA, ACCIÓN OPORTUNA, TÉRMINOS Y VERDAD

JOSEPH THANHAUSER

Joseph Thanhauser es director ejecutivo de *Byrnam Wood, LLC*, una firma global de servicios de bienes raíces; es miembro de *The Royal Institution of Chartered Surveyors* (Real Institución de Peritos Aprobados de Topografía).

Negocio arrendamientos para inquilinos en cualquier parte del mundo, pero el consejo que he recibido puede usarse en todos los mercados. Ese mercado me ha llegado durante el transcurso de más de treinta años, y varios bocados memorables de los mejores consejos que he recibido los expongo a continuación.

EDIFIQUE CONFIANZA

Uno de nuestros clientes de mucho tiempo, Michael Moore, de la agencia publicitaria DMB&B, me explicaba concisamente por qué le gustaba mi enfoque. «A los clientes les gusta que los representen de modo inteligente, profesional y agresivo, pero más que nada quieren que los representen *ferozmente*». Me estaba diciendo que él daba por sentado que yo negociaría enérgicamente en su nombre, pero más que eso, estaba diciendo que él confiaba en que yo siempre pondría sus intereses por encima de los míos. Es cuestión de rutina que una firma, en un contrato de arrendamiento, represente millones de dólares a un corredor o consejero y la confianza existe o no existe. En tal situación una persona puede ser objetiva, pero es difícil ser imparcial. Mike dijo claramente que yo siempre había sido, y siempre debo ser, imparcial cuando de mis propios intereses se trata, y ferozmente partisano a favor de los intereses de mis clientes, desde el principio hasta el fin.

HAGA UN TRATO AHORA

Al inicio de mi carrera, cuando trabajaba para una empresa grande, desarrolladora de proyectos de Nueva York, me dijeron que los hermanos Uris, que habían fundado la compañía, tenían una filosofía sencilla: haz el primer trato razonable que se te presente. No llegué a comprender a fondo el aspecto práctico de esta idea hasta que experimenté las dos partes del ciclo del mercado. En los mercados altos, orientados hacia los arrendadores, no es raro que varios inquilinos estén buscando un mismo espacio; en los mercados bajos, orientados hacia los inquilinos, éstos tienen más opciones entre las cuales escoger y frecuentemente negocian varias alternativas simultáneamente. Estos extremos de todo ciclo del mercado ponen a prueba severamente la ética de la mayoría de los arrendadores e inquilinos, pero durante la mayor parte del ciclo, el consejo de tomar el primer trato que sea factible con términos razonables asegura la integridad del proceso y la relación que se desarrolla de ella.

FIJE TÉRMINOS RAZONABLES

Una y otra vez he visto deshacerse tratos porque tienen términos que una u otra parte sencillamente no pueden aceptar. O peor: cuando uno de esos convenios se lleva a cabo y la realidad se evidencia, o el inquilino queda con una obligación de arrendamiento que no puede pagar, o el arrendador ha cedido demasiado y se mete en problemas (lo cual no puede ser bueno para el inquilino). Cuando veo situaciones así, recuerdo el consejo que recibí de Howard Sonn hace treinta años: «Si está demasiado afilado, no corta». A diferencia de la mayoría de los lugares del planeta, los mercados de propiedades comerciales en los Estados Unidos son básicamente puro capitalismo sin restricciones, y la posición aventajada varía, algunas veces con vehemencia, de una parte a la otra. Negociar sin sentir lo que la otra parte necesita para sobrevivir es arriesgar, o a veces asegurar, que el trato resultante no será factible o que conducirá a mucha infelicidad.

TRATE CON LOS PROBLEMAS DE FRENTE

En uno de sus primeros libros después de haber formado parte de la administración, Henry Kissinger observó que todo lo que debiera hacerse en última instancia, debería hacerse inmediatamente. Esa pequeña pepita de sabiduría ha tenido un impacto duradero en mí porque el negocio de los bienes raíces es un campo sumamente competitivo y difícilmente está libre de conflictos. Aunque hemos enfrentado muy pocas situaciones contenciosas a través de los años, es posible que hombres de buena voluntad lleguen a desacuerdos hasta el punto de derramar sangre. Usualmente ésas son situaciones en las cuales si hubiéramos tratado los asuntos en primera instancia, en lugar de dejarlas a un lado, nos habríamos ahorrado mucho tiempo, dinero y disgustos. Considero que mi palabra es mi promesa, pero no todos actúan de esa manera, y cuando hemos dejado que los problemas corran, particularmente los de compensación económica, porcentajes o división de trabajo, con frecuencia regresan a darnos golpes.

RECONOZCA LA VERDAD ETERNA

Las cuatro palabras más caras del castellano son: *esta vez es diferente.* Con la perspectiva de haber observado varios ciclos del mercado, me ha quedado claro que es tan arrogante como estúpido basar un trato o negociación sobre el perpetuo aumento o declinación de las cosas. He visto a una buena cantidad de compradores que niegan la naturaleza fundamental del mercado de bienes raíces. No fue hace mucho que escuchamos que el costo de los bienes raíces en Japón era tan alto que el valor del Palacio Imperial japonés y sus terrenos era mayor que el de todo el estado de California. Hasta donde he escuchado, la ley de la gravedad no ha sido abolida; los valores cayeron y las estaciones han continuado su progresión. No fue diferente.

La naturaleza cíclica de los bienes inmuebles en mercados comerciales grandes es tan inmutable como lo son las estaciones del año. Tal vez es la naturaleza de los bienes raíces, que exigen compromisos a largo plazo de personas que basan sus criterios en las tendencias actuales y recursos inmediatos, lo que estimula la tendencia humana a extrapolar sus proyecciones hasta el horizonte y más allá. Probablemente es el conjunto enorme y complejo de recursos que deben traerse a colación en los proyectos grandes lo que demanda tal extrapolación. Tal vez, cuando las rentas caen, la oferta aumenta y los proyectos fracasan, es que la tentación de proyectar tales tendencias hasta un extremo se torna casi irresistible. En todo caso, aunque nadie es capaz de vaticinar el futuro, es igual de importante tener presente que el futuro no es necesariamente una extrapolación lineal del presente. Escriba ese consejo en letras grandes.

RECONOZCA LA VERDAD GEOGRÁFICA

Aquí es diferente (el equivalente geográfico de la verdad eterna). Con frecuencia, cuando visitamos mercados en países extranjeros o aun lugares tan exóticos como Chicago o Detroit, escuchamos este viejo cuento. De hecho, las similitudes principales que hemos experimentado a través del mundo son que (1) Las personas en todas partes nos dicen: «Aquí es diferente, ¿por qué no se regresa usted a casa?»; y (2) Si somos sensibles a la interpretación local de espacio, renta, términos y otros fundamentos usuales, generalmente podemos negociar términos superiores a los del mercado y salir de la ciudad antes de que se publiquen los afiches de «Se busca». Tsubos, metros, pings, hectáreas... En pocas palabras, no es diferente, ni aquí ni allá. La luz solar y la gravedad son básicamente iguales en todas partes y los fundamentos que hemos aprendido en los mercados abiertos en los Estados Unidos se aplican en sentido general en todo el mundo.

Habiendo dicho eso, hay detalles y costumbres locales en todos los mercados que pueden ser muy útiles o muy dañinas, y es esencial ser consciente de ellos. Frecuentemente les decimos a los clientes que las personas inteligentes podrían obtener el 98% de los que negociamos, pero se caerían en el último 2%. En mercados no familiares, para evitar este resultado, es más fácil tomar decisiones acerca de la inteligencia, integridad y confiabilidad de un colega local que nos pueda ofrecer las perspectivas que necesitamos en lugar de tratar de dominar los detalles de cada mercado.

CÓMO DESARROLLAR UNA ASOCIACIÓN EXITOSA DE PROPIETARIOS DE VIVIENDAS

RICHARD THOMPSON

Richard Thompson es propietario de *Regenesis*, una empresa de consultoría administrativa que se especializa en condominios y asociaciones de propietarios de viviendas. Se lo reconoce a nivel nacional como experto en asociaciones de propietarios de viviendas y ha escrito numerosos artículos sobre estas asociaciones.

Los estilos de vida del siglo XXI han cambiado radicalmente en comparación con los de hace cincuenta años. La demanda de condominios y comunidades planificadas (llamadas en general asociaciones de propietarios de viviendas, o APV) ha sustituido el clamor por los lotes grandes y casas unifamiliares.

El crecimiento de las APV ha sido nada menos que fenomenal en la última década. En muchas zonas urbanas, hasta un 75% de todas las residencias nuevas se da en forma de una asociación de propietarios de viviendas; las APV de uso mixto combinan propiedades residenciales y comerciales. Por ejemplo, las unidades de ventas y oficinas frecuentemente se encuentran en los espacios a nivel de la calle de un edificio, mientras que las unidades residenciales ocupan los pisos superiores.

Las APV son, básicamente, corporaciones de gobierno que sus miembros controlan a través de una junta directiva. Las APV tienen la autoridad de promulgar y hacer cumplir reglas y reglamentos y cobrar cuotas de los miembros para cubrir sus costos de operación y mantenimiento. Al igual que el Servicio Interno de Rentas, las APV tienen potestad para cumplir su voluntad por medio de derechos de retención y, en casos extremos, ejecuciones hipotecarias.

Cuando las APV se conciben y construyen de modo correcto, funcionan muy bien; cuando se establecen desordenadamente, generan problemas y descontento. El éxito o fracaso de ellas se presenta a la par que el mismo desarrollo.

Al conocer el inmenso potencial de desarrollo de estas asociaciones, ¿qué debe hacer un creador hábil de APV para aumentar al máximo las ventas y ganancias? Explicaré varios pasos que indican cómo desarrollar una asociación de propietarios de viviendas con éxito.

1. Escoja el diseño y materiales de la APV cuidadosamente. Las asociaciones de propietarios de viviendas frecuentemente tienen grandes responsabilidades de mantenimiento, reparación y reemplazo. Esto es particularmente aplicable en los condominios, en donde el mantenimiento de las estructuras y terrenos es responsabilidad de la APV. Esta responsabilidad recae sobre los hombros de una junta directiva a la que integran voluntarios, la cual, usualmente, está compuesta por personas bienintencionadas pero carentes de experiencia. De modo que cuando se trata de diseñar la estructura y los terrenos, la facilidad del mantenimiento y los costos de reparación son al extremo importantes.

Evite los diseños que no se han comprobado y los materiales con poca o ninguna garantía. Las probabilidades de que experimentar con cosas semejantes llevará al fracaso son altas, y provocará asediar al desarrollador del proyecto. Cuanto más complejo y caro sea el mantenimiento de la APV, tanto más probable será que dicho mantenimiento no se efectúe correctamente.

2. Redacte cuidadosamente los documentos de gobierno. Éstos también se conocen como convenios, condiciones y restricciones, y las reglas, regulaciones, declaraciones y estatutos contenidos por estos documentos forman la estructura de gobierno de la APV. Las leyes estatales varían en cuanto a los requisitos que exigen de ellos, por lo cual es imperativo que a estos documentos los redacte un abogado con experiencia en el estado en el cual se encuentra ubicado el proyecto. No existe tal cosa como documentos de gobierno «generales». Cada APV es única, y las leyes estatales cambian frecuentemente. Nunca trate de ahorrarse dinero en costos legales porque unos documentos mal redactados pueden hacer casi imposible que la junta directiva administre los negocios de la APV, haga cumplir reglas razonables o recoja el dinero necesario para mantener la propiedad.

3. Presupueste la APV correctamente. En un intento por ser competitivo al momento de vender propiedades gobernadas por una APV, algunos desarrolladores de proyectos fijan las cuotas correspondientes a un nivel exageradamente bajo. Si la competencia cobra $300 por mes, ellos cobran $250. Eso es un mejor trato, ¿verdad? Pues no. Si se necesitan $300 al mes por cada unidad para sostener el presupuesto de la APV, no pasará mucho tiempo antes de que la nueva junta directiva se percate de ello, y entonces quien haya desarrollado el proyecto recibirá cartas con palabras fuertes de un abogado que incluyen términos desagradables tales como mala representación y fraude salpicadas aquí y allá. Ya sea que el desarrollador del proyecto haya subestimado el presupuesto de la APV intencionalmente o no, se le pedirá que rinda cuentas. Es más, si la APV no tiene suficiente dinero para mantener las propiedades, fracasará pronto y, por lo general, el desarrollador usualmente carga con la culpa de los defectos de construcción.

Lo mejor es contar con los servicios de consultores, que incluyan administradores profesionales de APV, contadores públicos y consultores administrativos que se especialicen en asociaciones de propietarios de viviendas para determinar los presupuestos de operaciones y de reserva. El desarrollador deberá guardar una distancia prudente de los números del presupuesto de la APV.

4. Proporcione un estudio de reservas. Un estudio de reservas predice los eventos de reparación y reemplazo que la APV tendrá que enfrentar en los próximos treinta años, identifica los elementos comunes según sus componentes (techo, pintura, revestimientos exteriores, etc.), asigna un costo de reparación o reemplazo a cada uno de ellos, programa cada uno (por ejemplo, techo: treinta años; pintura: diez años) y prepara un plan de levantamiento de fondos que guía a la junta directiva a apartar una reserva de dinero cada año para estos eventos futuros. Puesto que estos costos fácilmente pueden ascender a millones de dólares, es crítico que se incluyan en el presupuesto de la APV desde el principio. Entonces resulta relativamente fácil recoger el dinero cada mes de cada propietario, depositarlo en una cuenta de reserva y gastarlo en las reparaciones o reemplazos indicados según se requiera. Las APV que siguen un plan semejante reciben buen mantenimiento, los propietarios disfrutan de valores altos de reventa, la comunidad es agradable y deseable para vivir en ella.

5. Proporcione un plan de mantenimiento. Si bien los presupuestos adecuados pueden pagar por un mantenimiento adecuado, cómo se gasta el dinero es sumamente importante. Recuerde que la junta directiva está integrada por aficionados que frecuentemente carecen del conocimiento o experiencia necesarios para mantener los millones de dólares en bienes que se les han confiado. Un plan de mantenimiento confeccionado por el desarrollador del proyecto indica los puntos específicos que deben atenderse, quién y cuándo deberá hacerlo. El plan deberá redactarse usando términos comunes porque los miembros de la junta directiva son personas comunes; necesitan comprender qué es necesario hacer, pero ellos no lo harán por sí mismos. Un plan de mantenimiento que se vincula directamente con el presupuesto de operaciones y estudio de reservas le da a la junta directiva la guía necesaria para gastar el dinero de la APV de modo apropiado.

6. Cumpla con las obligaciones de garantía. Los desarrolladores de proyectos generalmente tienen un período de garantía obligatorio en las propiedades con APV que venden. El manejo de los reclamos en garantía de modo apropiado y rápido rinde dividendos grandes en el área de las relaciones públicas. Lo mejor es asignar a una persona específicamente para esta tarea puesto que ella requiere un grado elevado de organización que los contratistas promedio no tienen. Además de que se debe hacer, cumplir las obligaciones de garantía produce una buena voluntad que será muy valiosa en los tratos futuros que pudieran involucrar confrontaciones. Un buen historial alivia las riñas futuras.

7. Permanezca en contacto. El hecho de que el proyecto se ha vendido completamente y está en poder de los propietarios no significa que la tarea del desarrollador del proyecto ha terminado. Además de los aspectos de la garantía, siempre existe el potencial de que algún reclamo legal pudiera aparecer. Para ayudar a alejar a estos dragones, el desarrollador del proyecto, en los documentos de gobierno, deberá reservarse el derecho de asistir a reuniones futuras de la junta directiva y recibir copia de las actas derivadas de las mismas. Los desarrolladores activos toman estos derechos en serio y asisten a todas las reuniones durante años. El resultado de ello es que los problemas pequeños se atacan cuando apenas surgen, antes de que se conviertan en temas de litigio.

Desarrollar un proyecto con APV puede ser sumamente compensador y ofrecer muchas ganancias cuando el plan incluye estos principios. Tome estos consejos en serio y disfrute jugosos resultados.

AJUSTE SUS EDIFICIOS A LA COMUNIDAD

Jonathan M. Tisch

Jonathan M. Tisch es presidente de la junta directiva y director ejecutivo de Loews Hotels, y autor de *The Power of We: Succeeding Through Partnerships* (El poder del nosotros: éxito por medio de sociedades).

Como presidente de la junta directiva de Loews Hotels, paso la mayor parte de mi tiempo en la intersección del mundo de los bienes raíces con el mundo de la hospitalidad. Los hoteles son diferentes de la mayoría de los negocios: abrimos las veinticuatro horas del día los siete días a la semana los trescientos sesenta y cinco días del año. Si un hotel no tiene éxito, no podemos sencillamente recoger nuestras cosas y trasladarnos a otra ubicación; de modo que nos conviene hacernos parte de la comunidad.

Una forma en la que logramos esto es hacer que nuestros hoteles armonicen con el ambiente local, aprovechando la arquitectura y el diseño de interiores. Nuestra insistencia en desarrollar propiedades que complementen su entorno es parte de nuestra práctica al tratar a las comunidades a las que servimos no meramente como clientes, sino como socios. Un hermoso ejemplo de ello es Miami Beach.

Antes del resurgimiento de South Beach, en 1993, la ciudad convocó a una competencia donde seleccionaría un socio para construir un nuevo hotel de lujo que contribuyera a revivir la economía local, apoyara el centro de convenciones cercano y estimulara el desarrollo económico. Éste sería el primer hotel grande construido allí en treinta años y todas las empresas hoteleras principales de los Estados Unidos de América respondieron a la solicitud de propuesta, lo que dio lugar a un intenso proceso de cotizaciones.

Preparamos un paquete impresionante y trabajamos duro en nuestra propuesta, que consideraba el mejor aprovechamiento posible de la ubicación del hotel, un sitio de cinco acres en la esquina de la Avenida Collins con la calle 16, en el corazón del histórico distrito Art Decó de Miami Beach. Incluía el histórico Hotel St. Moritz, una propiedad que data de 1927, que había caído en desuso; se esperaba que la empresa ganadora lo renovara e incluyera en sus nuevas instalaciones. Nuestros planos proponían un hotel a gran escala que armonizaba con la magnífica herencia artística del vecindario, en lugar de luchar contra ella.

Luego de haber presentado nuestro proyecto, el diseño de *Loews* rápidamente recibió elogios. Peter Whoriskey, crítico de arquitectura del *Miami Herald*, observó que nuestro plano realmente encajaba en el desafiante sitio frente a la playa y que habíamos encontrado la solución al respetar la mezcla peculiar de ambiente urbano-playa del vecindario.

Poco después del anuncio de que Loews había ganado el concurso, las reservaciones futuras del *Miami Beach Convention Center* aumentaron el 289%. Restauramos el St. Moritz a su esplendoroso Art Decó original y construimos nuestra nueva torre de hotel en la propiedad adyacente.

Para tener éxito en bienes raíces, es necesario no sólo ser parte de la comunidad, sino también reflejarla. El hotel Loews de Miami Beach, con su icónica espira Art Decó, se convirtió en una atracción instantánea cuando se inauguró, el 24 de diciembre de 1998. Contribuyó a revitalizar un vecindario que había estado en depresión y transformó la Avenida Collins en uno de los corredores de hoteles más prestigiosos del mundo.

91
CREZCA
ESTRATÉGICAMENTE

Marjorie Torres

Marjorie Torres es fundadora y directora ejecutiva de *Concrete Stories*, una firma asesora de bienes raíces comerciales que proporciona servicios de asesoría estratégica, corredores, negociación y desarrollo de bienes inmuebles a arrendadores, inquilinos e inversionistas.

Como empresaria latina he tenido el privilegio de recibir consejos fenomenales de ejecutivos extraordinarios de calidad mundial. Su experiencia en el ámbito global me ha permitido mantener una ventaja competitiva en cada área en la cual he decidido incursionar.

Inicié mi firma, *Concrete Stories*, enfocándome en el rediseño del proceso de arrendamiento y corredores de los bienes raíces comerciales. Como había estado expuesta a oportunidades de bienes raíces comerciales en todo el mundo, mi educación en ingeniería industrial y financiamiento de inversiones me ha ayudado a determinar si vale la pena seguir un proyecto en particular.

Mantenga un control mayoritario

El consejo más importante que recibí al principio fue que para que mi firma retuviera mi visión, era necesario que yo retuviera el control mayoritario de la empresa. Levanté fondos de inversión para mi firma y ahora tenemos a instituciones inversionistas como *Credit Suisse First Boston Merchant Capital, Columbia University* y *Wesleyan University*. Fue necesario efectuar negociaciones muy arduas, pero seguí este consejo, todavía controlo la firma y soy propietaria de más del 70% de su valor.

DISTINGA SU FIRMA DE LA COMPETENCIA

En la siguiente etapa de crecimiento, el mejor consejo que recibí fue que era necesario distinguirme de la competencia y enfocarme en un sector rico del mercado para explotarlo. Como resultado de ello, empezamos a proporcionar asesoría estratégica inmobiliaria a empresas que tenían bienes raíces en sus carteras; buscamos firmas privadas e instituciones inversionistas. Los representantes de estas firmas son parte de las juntas directivas y controlan las carteras de empresas que necesitan servicios inmobiliarios. Estas firmas aprendieron las lecciones de la era de las empresas punto-com. Nuestra firma participa como un grupo de logística al que se contrata. Ayudamos a los directores ejecutivos de la empresa con este tipo de cartera a resolver sus problemas de expansión y de contracción.

PIENSE EN GRANDE

El mejor consejo que he recibido hace poco es pensar en grande. Tenía todos los recursos necesarios para competir, y era hora de lanzarme al desarrollo de proyectos. Comprendemos el mercado de la ciudad de Nueva York y hemos estado proporcionando estrategias de desarrollo rentables para nuestros clientes. Ahora, como inversionistas principales, estamos desarrollando varios proyectos que oscilan desde los 50.000 pies cuadrados hasta más de 1 millón de pies cuadrados.

Recuerde siempre escuchar

En todas estas etapas de crecimiento, nunca olvide una clave sencilla: los bienes raíces son negocios que giran en torno a personas; aprenda a escuchar. Somos alquimistas. Nos es necesario descifrar la moneda de intercambio de cada parte: el efecto en la comunidad (capital social), la creación de empleos (capital político), las tasas de ganancias (capital económico) y más. Nuestra firma transforma con éxito un tipo de moneda en otro y ayuda a construir proyectos grandes. La creación de situaciones en las cuales todos ganan es lo que permite realizar tratos.

NO HAY SUSTITUTO PARA LA PASIÓN

DONALD TRUMP JR.

Donald Trump Jr. es vicepresidente ejecutivo de
desarrollo y adquisiciones de *The Trump Organization.*

El mejor consejo que he recibido es: no hay sustituto para la pasión. Los líderes de mayor éxito inspiran, con su pasión e instintos, a las personas a su alrededor por medio de la motivación. De modo que trátese de un negocio de bienes raíces o de cualquier otra empresa, la clave es encontrar algo que disfruta hacer, y entonces hacerlo mejor que todos los demás, porque el éxito les viene con mayor facilidad a las personas que siguen lo que les apasiona.

EDIFIQUE SU REPUTACIÓN CUIDADOSAMENTE

Ivanka M. Trump

Ivanka M. Trump se unió a *The Trump Organization* en 2005 como miembro del equipo de desarrollo. Participa activamente en todos los aspectos del desarrollo de bienes raíces, desde la evaluación de los tratos y análisis y planificación antes del desarrollo hasta la construcción, comercialización, operaciones, ventas y arrendamiento.

Como persona joven en el mundo de los negocios, es extremadamente importante crear un buen historial. Es necesario fijarse sus propias normas, ser consistente y fiel a su palabra. Su dedicación deberá estar al máximo. Sus acciones deberán ejecutarse sin errores. Empiece a edificar su reputación desde el principio. Y tómela en serio porque es uno de los elementos más esenciales que se encuentran bajo su control.

DIVIÉRTASE MIENTRAS OBTIENE GANANCIAS

34

Steve Van Amburgh

Steve Van Amburgh es director ejecutivo de *Koll Development Company*, una de las firmas principales de bienes raíces comerciales de la nación.

Cuando usted y su empresa tienen confianza, se puede tener mucha diversión. A todos nos gusta divertirnos.

Y parece que cuando uno se divierte, excede las expectativas de los demás, se ganan muchos proyectos nuevos y se logran resultados asombrosos. Diviértase y gane. Ése es el mejor consejo que podemos darle a cualquiera que participe en nuestras actividades comerciales que esté buscando consejo.

ENFÓQUESE EN LA CALIDAD

LEO F. WELLS III

Leo F. Wells III es fundador y presidente de *Wells Real Estate Funds, Inc.*, cuyos consorcios filiales de inversión en bienes raíces y otros vehículos de inversión sirven a más de doscientos mil inversionistas, se especializan en propiedades de oficina de primera categoría y otras oportunidades de bienes inmuebles.

Algunas veces los consejos nos llegan a manera de chiste. Existe un antiguo chiste que se cuenta en el ámbito de bienes raíces e inversiones, el cual escuché años atrás y repito hasta hoy. En los últimos días de la Segunda Guerra Mundial, un barco cargado de sardinas para las tropas se dirige hacia Europa; mientras se encamina hacia su objetivo, la guerra termina, y el barco retorna a puerto en Nueva York. El transportista decide entonces que más le vale vender esos pescados, y rápido.

Pronto encuentra un comprador que le ofrece cinco centavos por lata y él felizmente descarga las sardinas. Ese comprador vende el cargamento a otro a 6 centavos por lata. Ese último comprador localiza a otro distribuidor que le paga 7 centavos por lata... Y así sucesivamente hasta que el precio llega a 10 centavos.

Finalmente, un mayorista paga 15 centavos por lata y vende las sardinas a un supermercado a 20 centavos. Las sardinas se colocan en los anaqueles a 25 centavos por lata.

Pero pronto retornan clientes enojados al supermercado: las sardinas estaban pasadas. El gerente del supermercado llama al mayorista:

—¡Mis clientes están furiosos! ¿Por qué me vendiste sardinas pasadas? —pregunta.

—Esas sardinas no eran para comerse, ¡eran para venderse! —recibió como respuesta.

Cuando el mercado inmobiliario está burbujeando, hay mucho dinero que comprar al negociar propiedades, pero llega el momento en el que alguien tiene que usar la propiedad, y su valor real se hará evidente. En algún momento alguien tiene que comerse las sardinas... Es en ese punto en el cual quienes invierten en propiedades de calidad pueden prosperar, mientras que los otros quedan con algo podrido entre las manos.

En bienes raíces, al igual que en muchas áreas de negocios, la calidad es lo que importa. He descubierto que si me enfoco en propiedades de calidad, servicios de calidad, inquilinos de calidad, a la larga esto puede traducirse en éxito.

DESARROLLE SU ESTRATEGIA
DE SALIDA ANTES DE COMPRAR

BRETT WHITE

Brett White es presidente y director ejecutivo de *CB Richard Ellis*.

Al principio de la década del noventa y nuevamente en 2001 y 2002, los valores fundamentales de bienes raíces declinaron por una variedad de razones; debido a ello, muchos pronosticadores declararon que los bienes raíces comerciales habían muerto o que eran significativamente desfavorables. En contra de estos puntos de vista, varios de los inversionistas más hábiles del negocio compraron todos los bienes raíces comerciales que pudieron; por supuesto, estos inversionistas recibieron recompensas abundantes por su visión. La lección de esto es que a la larga, los bienes raíces comerciales son una categoría de bienes sumamente resistentes, y la historia demuestra que si uno tiene los recursos para comprar bienes raíces comerciales cuando otros estiman que son desfavorables, esas inversiones rendirán ganancias jugosas.

Mis amigos y clientes me preguntan frecuentemente si la compra de una cierta propiedad comercial es una decisión sabia. ¿Está demasiado cara?, ¿sería más prudente esperar a que el precio baje antes de comprarla? Éstas y muchas otras preguntas los hacen titubear antes de hacer la compra.

Siempre he respondido a estas personas recordándoles que su decisión deberá ir impulsada por su estrategia de salida. Si está comprando bienes raíces comerciales como parte de su cartera a largo plazo y desea retenerlos como inversión, entonces lo que le puedo decir con certeza es que, a la larga, los inmuebles suben de valor sin importar los ciclos económicos, las nuevas tecnologías, la competencia global o ningún otro factor externo. Hay muy pocas personas que pueden decir que han perdido dinero en bienes raíces comerciales si los han retenido durante veinte años o más. Éste es uno de los aspectos magníficos de los bienes inmuebles comerciales.

HAGA TRATOS CUANDO SEA NECESARIO

KEN WILSON

Ken Wilson es cofundador y director ejecutivo de
Capital Hotel Management, LLC.

Después de veinticinco años de actividad en inversiones de bienes raíces para hoteles, he aprendido muchas lecciones sobre lo que se necesita para el éxito. Mi receta requiere lo siguiente:

Visión. No permita que el trato lo defina a usted; en lugar de ello, defina cada trato por medio de lo que usted se propone hacer con él. Todo buen trato requiere visión, al igual que el capital y personal profesional experto y comprometido que se necesitan para convertir esa visión en realidad.

El momento correcto. El momento correcto lo es todo. Sepa cuándo meterse y cuándo salir. Es mejor acertar en un 80% que equivocarse en un 100%.

Riesgo. Nunca arriesgue demasiado en un momento o en un solo trato. En cuestiones de bienes raíces, particularmente cuando se trata de hoteles, hay muchas cosas fuera de su control. Un evento puede tornar un buen trato en uno malo de la noche a la mañana. Recuerde que existe relación directa entre el riesgo y la recompensa.

Cierre. No permita que un buen trato muera en la mesa de negociaciones, usted nunca sabrá lo bueno que es ese trato hasta que lo cierre. Y usualmente puede reconocer un buen trato cuando tanto el comprador como el vendedor se alejan de la ceremonia de cierre sintiéndose igual de satisfechos.

SI ES NECESARIO, DESISTA

Scott A. Wolstein

Scott A. Wolstein es presidente de la junta directiva y director ejecutivo de *Developers Diversified Realty*, un consorcio de inversionistas en bienes raíces que administra propiedades en cuarenta y cuatro estados de los Estados Unidos y en Puerto Rico.

Mi padre, Bart Wolstein, me dio el consejo de bienes raíces más importante que he recibido: «Prepárate para cerrar tu maletín y desistir». Fue un consejo sencillo, pero he tenido que aprovecharlo una y otra vez. Cuando uno entra en negociaciones, tiene que conocer su propio punto de indiferencia, es decir, el punto en el cual usted se sentiría igual de bien aunque el trato siga adelante o no. Cuando se cruza ese punto, es necesario estar preparado para cerrar el maletín y salir de la sala. Si no está preparado para hacer eso, entonces hará un mal trato.

Los empresarios de bienes raíces con mucha frecuencia se enamoran de un trato. Esto puede llegar a ser un error fatal. Hay muchos tratos. El orgullo con una propiedad en particular es un problema; durante una charla que profesionales de bienes raíces dictaron a una multitud, Albert Ratner, un amigo en la industria, observó: «Debería haber una línea telefónica abierta las veinticuatro horas del día llamada "Contratistas Anónimos", donde usted pudiera llamar a cualquier hora del día para explicar el trato que tiene por delante, para que ellos lo convenzan de no hacerlo». Esto es cómico, pero es cierto. Cada agente principal de bienes raíces debería tener esa «línea» en el fondo de sus pensamientos cuando se acerque a una negociación.

La habilidad más importante que hay que tener para lograr negociaciones exitosas es la capacidad de escuchar. Para poder consumar una transacción exitosa, es necesario comprender claramente los «botones calientes» de la persona que está del otro lado de la mesa. Usted ya sabe lo que quiere obtener del trato, así que el arte consiste en aprender lo que su adversario desea. Una vez que conozca sus necesidades, sabrá lo que necesita para estructurar la transacción de modo que le dé lo que usted necesita, pero que también tome en cuenta las necesidades del otro. Con frecuencia éste no es un juego infructuoso. Lo que es importante para la otra persona podría no tener ningún costo significativo para usted. Averigüe qué es y tendrá ventajas en el juego. Dedique menos tiempo a convencer a su adversario de que le dé lo que usted quiere y más tiempo a escuchar cuáles son sus necesidades y a tratar de llenarlas. Si esto no funciona, ¡cierre su maletín y aléjese!

LAS CINCO REGLAS DEL ÉXITO PARA CONDUCIR SU NEGOCIO

ROB ZACHE

Rob Zache es presidente de *Central Place Real Estate*, cuyo enfoque son los hoteles, restaurantes y bienes raíces comerciales en la región central de los Estados Unidos.

Aunque participo estrictamente en los bienes raíces comerciales, ofreceré dos perspectivas: una para bienes raíces residenciales y otra para comerciales.

BIENES RAÍCES RESIDENCIALES

Cuando de comprar una vivienda se trata, mi consejo es: compre según el vecindario y no según la casa. Esto es básicamente lo opuesto a lo que hace la mayoría de los compradores de casas.

La mayoría de los compradores de viviendas no comprende los muchos factores que afectan el valor de las propiedades residenciales. Ellos sólo desean vivir en una casa similar a la de su niñez, y proceden a comprar una así, no importa dónde esté ubicada. Y ése puede ser un error fatal. Pueden encontrar una construcción que les gusta, excepto que está ubicada en un vecindario no muy bueno, y tal vez nunca obtengan el valor que deberían de la casa, cuando la vendan.

Recomiendo comprar una casa más por su valor de reventa que por la atracción emocional. He visto a una buena cantidad de personas comprar un lugar que les encanta y luego lamentarse cuando pierden al momento de venderla. Estas personas compraron la propiedad guiadas por sus emociones en primer lugar, en lugar de comprender pragmáticamente que la ubicación de la misma aumentará o reducirá su valor. El vecindario es uno de los factores más importantes a considerar en la compra de una vivienda.

Mi consejo es ubicar el vecindario que más le guste y luego seleccionar la mejor casa para usted en ese vecindario; tal vez no será la casa perfecta, pero le brindará la mejor combinación de factores que necesita para obtener el valor máximo y no salir perdiendo al momento de venderla. Los vecindarios impulsan el valor de la propiedad más que las casas mismas. Algunos ejemplos de los factores que afectan los valores del vecindario son: la sección de la ciudad (clase profesional vs. clase obrera), el entorno del vecindario (zonas industriales, vías de ferrocarril vs. parques, agua, complejos de oficinas), las rutas que es necesario conducir para entrar y salir del vecindario (autopistas congestionadas, zonas industriales vs. zonas comerciales o residenciales de lujo rodeadas de árboles), y el vecindario mismo (nuevo vs. viejo, grandes vs. pequeñas, diseños comunes vs. arquitectónicos, árboles vs. granjas).

Además, escoja el mejor vecindario que se encuentre dentro de su alcance, luego seleccione una casa en el límite inferior o en el punto central de los precios en ese vecindario. El valor y fuerza del vecindario aumentará el valor de los precios más bajos o intermedios de modo más rápido que los precios más elevados. Nunca escoja una de las más costosas. Pocas veces obtendrá las ganancias que busca sobre su inversión si escoge la casa más cara de la zona porque ésta siempre parecerá estar demasiado cara en comparación con las demás casas a su alrededor.

COMERCIAL

He participado del negocio de bienes raíces comerciales, desarrollo y corredores por veinticinco años, casi exclusivamente en la industria de franquicias, incluso recibiendo entrenamiento y cerrando muchos tratos con empresas como Hilton, Marriott, Promus y Outback Steakhouse. He participado en más de cien transacciones grandes en ocho estados con un valor total de proyecto de más de $1.000 millones.

Lo más importante que me ha enseñado el negocio de las franquicias es que si uno sigue unas cuantas reglas sencillas, cualquier negocio, repito, cualquier negocio, tendrá éxito.

Me tomó un rato darme cuenta de que sencillamente no hay muchas personas capaces de manejar un negocio con éxito. Hace años la industria de la franquicia reconoció este hecho y desarrolló un sistema de administración de negocios que puede aplicarse a casi cualquier negocio o situación; la mayoría sigue este programa, y la mayoría tiene éxito. Por eso es que se ven muchos letreros de cadenas o franquicias tomando el lugar de los tradicionales negocios individuales que desconocían estas reglas o que no las aplicaban. Si las aplicaran, tendrían éxito con mayor frecuencia, o por lo menos podrían competir mejor.

Mis cinco reglas para administrar un negocio con éxito consisten en comprender correctamente los aspectos siguientes: (1) El mercado. (2) El sitio. (3) Las instalaciones. (4) El producto. (5) La administración. Si se aplican estas cinco reglas correctamente, usted tendrá el mayor éxito posible.

1. El mercado. Asegúrese de conducir sus negocios en el mercado correcto, es decir, en la ciudad correcta y también en el submercado o vecindario correcto dentro de esa ciudad. No intente abrir un hotel en medio de la nada, en un lugar sin pobladores ni generadores de transeúntes. No intente abrir un restaurante en un lugar cuya composición demográfica o niveles de ingresos no puedan sostener su concepto. No abra un spa de clase alta junto a un pueblo industrial de clase obrera que está declinando, ni intente vender bolas de nieve en Alaska. Asegúrese de que su concepto se ajuste al mercado; analice la composición demográfica, evalúe a la competencia y desarrolle una buena idea de la demanda. Corresponda el producto al mercado. Esto suena muy evidente, pero se asombraría de ver cuántos negocios pasan por alto esta sencilla regla.

2. *El sitio*. Una vez que ha determinado el mercado, ubique el mejor sitio posible en ese mercado para establecer su concepto. Y (dentro de lo razonable) pague lo que tenga que pagar para obtener la mejor propiedad de bienes raíces para su negocio. Uno de los errores más grandes que he visto es cuando empresas invierten muy poco en inmuebles, porque piensan que los negocios son lo suficientemente buenos como para compensar una ubicación de segunda categoría. Ése es un error grave. Esa decisión probablemente causará el fracaso de la empresa, o por lo menos garantizará que las ganancias serán marginales. Pague por la tierra. Obtenga la mejor ubicación. Los bienes raíces dependen de la ubicación, ubicación y ubicación por buena razón. Le rendirá dividendos saludables a la larga, pero si no obtiene el mejor inmueble para su negocio, entonces lo único que hará es pagar por ella. No se vaya por lo barato. Sencillamente hágalo y lidie con ello.

3. *Las instalaciones*. Construya o compre las instalaciones que hagan deslumbrar su negocio. Los edificios se construyen para el desarrollo de las operaciones de la empresa y no lo contrario. El edificio deberá permitir que la operación o el negocio que aloja trabaje de modo uniforme y eficiente. Si también es necesario que sea hermoso,

hágalo hermoso. Diséñelo de modo que se cumplan las operaciones en las cuales la empresa necesita sobresalir para poder hacer lo que el cliente necesita o espera. Si las instalaciones no se aprovechan al máximo para las operaciones del negocio, entonces éste nunca alcanzará su potencial. Siempre tendrá un obstáculo que le impide llegar al éxito máximo.

4. El producto. Elija el producto correcto de salida, ya sean mercancías duras o blandas, alimentos en un restaurante o servicio y buen descanso en un hotel. Conozca lo que sus clientes desean, su producto, y haga su misión de ofrecer el mejor producto en el mercado que siempre satisfaga al cliente. ¿Es servicio, ventas, un objeto o una combinación de estas cosas? Conozca a su clientela y el producto que desea. Presente el producto de una manera que los clientes lo aprecien. Pero escoja el producto correcto.

5. La administración. Una vez que las primeras cuatro cosas están en su lugar, permanecen ahí más o menos permanentemente, y después de ello, la administración se hace cargo. Sin buena administración, todo el tiempo, el esfuerzo y el dinero que se ha usado para llegar a ese punto pueden ser un desperdicio. La administración puede requerir todo un libro para describirla, e incluye desde los clientes hasta los empleados, la comercialización, generación de ingresos, control de gastos, finanzas y contabilidad. Éste es el verdadero arte de un negocio a largo plazo y debe detallarse y evaluarse a diario, constantemente. El mejoramiento continuo de la administración, en la actualidad, es necesario para sobrevivir. Cuide los centavos, y los dólares vendrán.

COMPRE A BAJO PRECIO, VENDA A PRECIO ALTO Y NO SEA CODICIOSO

MORTIMER ZUCKERMAN

Mortimer Zuckerman es cofundador y director de *Boston Properties,*
Inc. También es director y editor en jefe de la revista *U.S. News &*
World Report y director y publicador del *New York Daily News.*

Cuando de bienes raíces se trate, compre a bajo precio, venda a un precio alto y no sea codicioso.

ACERCA DEL AUTOR

Donald J. Trump es la definición misma de la historia del éxito estadounidense, con interés en bienes raíces, cacería, deportes y entretenimiento. Además de la Torre Trump, el hotel internacional Trump, la Avenida Trump Park y otras propiedades en Nueva York, ha desarrollado propiedades en Chicago, Las Vegas, Miami, Atlantic City, Los Ángeles, Palm Beach y Dubai. Es co-dueño junto con la cadena televisiva NBC de los concursos Miss Universo, Miss USA y Miss Teen USA. Además es la estrella y productor asociado de *The Apprentice* [El aprendiz], y su programa de radio vía satélite rompió todos los records de distribución cuando salió al aire en el año 2004.

El señor Trump ha escrito siete libros, los cuales se han convertido en éxitos de librería. La revista *Trump World* salió en el año 2004 y la Universidad Trump en línea en el 2005, y en enero del 2006, hizo su debut GoTrump.com, una agencia de viajes en línea.

TRUMP:

Los mejores consejos
de bienes raíces
que he recibido
**disponible
en inglés**

TRUMP
THE BEST REAL ESTATE ADVICE
I EVER RECEIVED

100 TOP EXPERTS
SHARE THEIR
STRATEGIES

ISBN: 140160255X

RUTLEDGE HILL PRESS
A Division of Thomas Nelson Publishers
Since 1798